中村天風

その人生と名言

協力 中村天風財団

宝島社

Prologue

多くの著名人を魅了した中村天風

中村天風は、日露戦争の軍事探偵として満蒙で活躍しますが、帰国後、肺結核を発病。病で心身ともに弱くなったことから、人生を深く考え、人生の真理を求めて欧米を遍歴します。しかし一流の哲学者、宗教家を訪ねても望む答えを得られず、失意のなか帰国する途中、あるヨガ聖者との奇跡的な出会いを得ます。そしてヒマラヤの麓で指導を受けながら修行を行い、「自分は大宇宙の力と結びついている強い存在だ」という真理を悟ることで、病を克服し、運命を切り拓いたのです。

帰国後は実業界に身を投じますが、病や煩悶や貧乏などに悩まされている人々を救おうと、自らの体験から「人間のいのち」の本来の在り方を研究、「心身統一法」を創見し、講演活動を開始。「天風会」を設立し、その後50年にわたり教えを説き、その思想は多くの人に影響を与えました。

私は　力だ。
力の結晶だ。
何ものにも打ち克つ
力の結晶だ。
だから何ものにも
負けないのだ。
病にも　運命にも、
否　あらゆるすべてのものに
打ち克つ力だ。
そうだ!!
強い　強い　力の結晶だ。

中村天風に影響を受けた主な人々

原敬（元首相）、東郷平八郎（元帥）、浅野総一郎（浅野セメント創業者）、尾崎行雄（元法相）、長谷川直蔵（日本ペイント元社長）、三島徳七（東大名誉教授・文化勲章）、西竹一（オリンピック馬術金メダル）、倉田主税（日立製作所元社長）、飯田清三（野村証券元社長）、村田省蔵（大阪商船元社長・商工相）、渡辺安太郎（大和証券元社長）、杉浦重剛（儒学者）、石川素童（鶴見総持寺禅師）、山本英輔（海軍大将）、池田寅次郎（大審院院長・元中央大学総長）、重宗雄三（元参議院議長）、左藤義詮（元大阪府知事）、駒形作次（原子力委員会元理事長）、双葉山定次（日本相撲協会元理事長・横綱）、北村西望（長崎平和祈念像制作者・文化勲章）、松本幸四郎＝七世（歌舞伎俳優）、堀越二郎（「零戦」設計者）、松田権六（漆芸家・文化勲章・人間国宝）、内海倫（元人事院総裁）、株木正郎（日立セメント元社長）、大佛次郎（作家）、越後正一（伊藤忠元社長）、廣岡達朗（野球評論家）、山本宗二（東急百貨店元副社長）、岩松三郎（初代最高裁判事・法務省特別顧問）、向野達児（東レメディカル相談役）、園田直（元厚生相・外相）、砂野仁（川崎重工元社長）、庄野五一郎（元水産庁長官）、佐々木義武（元通産相）、小保方宇三郎（講談社最高顧問）、宇野千代（作家）、稲盛和夫（京セラ名誉会長）、尾身幸次（元財務大臣）、素野福次郎（TDK相談役）、松下幸之助（松下電器産業創業者）、山中鏆（東武百貨店社長）、三遊亭円生＝六代目（落語家）、松岡修造（元テニスプレーヤー）、船井幸雄（経営コンサルタント）、大谷翔平（プロ野球選手）、……ほか多数

巻頭スペシャル

天風語録と重なる 大谷翔平の名言

高校時代の恩師の影響で中村天風の書籍を愛読しているというプロ野球選手の大谷翔平選手（MLBのロサンゼルス・エンゼルス所属）。その名言集と天風の言葉を重ねてみた。

写真：AP／アフロ

大谷選手の名言

「誰もやったことがないことをやりたい」という気持ちがすごくあります

（2012年10月『アマチュア野球』P12～）

天風の言葉

チャンスに直面した際、いたずらに逡巡《しゅんじゅん》遅疑《ちぎ》しないことである

（『哲人哲語』より）

岩手・花巻東高校3年時の大谷が、ドラフト会議を前に口にした言葉だ。高校卒業後は日本のドラフトではなく、直接MLB入りしたい意思を表明。ドラフト1位候補の高校生がプロ野球を経ずにMLB入りした例はなく、前代未聞のこと。北海道日本ハムファイターズの強行指名を受け入れることになるが、この指名もまた前代未聞だったのだ。

大谷選手の名言

決めた。絶対に塁に出てくる

（『証言 WBC2023 侍ジャパン激闘の舞台裏』）

天風の言葉

積極的な心、これが人に与えられた偉大な力を発揮するための鍵である

（『成功の実現』より）

2023年の第5回ワールド・ベースボール・クラシック（WBC）準決勝、メキシコ戦でのこと。1点を追う9回裏、大谷はベンチでそう言い残し、実際に右中間二塁打を放った。二塁ベース上で味方を鼓舞し、その後のサヨナラ逆転打を引き出している。前向きな目標をあえて口に出すことで、心を整える姿は、まさに天風理論。大谷の有言実行が光る大会だった。

大谷選手の名言

できるかできないかよりも誰もやっていないことをやってみたい

（2014年12月号 DIME）

天風の言葉

「できるかな」「できればいいけど、失敗しないかな」と思ってやったんじゃ、それはもう、できやしません

（『信念の奇跡』より）

プロ入り前は、誰もが無理だと口をそろえた投打二刀流。大谷はそれを貫き、プロ3年目となる2015年シーズンを迎えた。開幕投手を務め、オールスターでは、ファン投票で投手、野手の両部門で選出。投手では15勝、防御率2・24、勝率7割5分で最多勝、最優秀防御率、最高勝率の投手三冠に輝いた。前人未踏の挑戦を続けること。天風の精神に通ずる姿勢だ。

大谷選手の名言

先入観は可能を不可能にする

（高校時代の恩師からの言葉）

天風の言葉

全智全能の力を有する宇宙霊と結び付いている自己というものを無限大に考えてよい

（『運命を拓く』より）

大谷の恩師である花巻東高校の佐々木洋監督は、生徒たちに目標達成に必要な行動を書き込む「マンダラチャート」を作成させた。大谷も高い目標と行動を書き込みそれを実現していく。不可能と思われた二刀流への道。先入観という枠にとらわれず、自分の中にある力を信じ、心を無限大に広げて理想を追求していく。ここにも天風の教えが活かされている。

大谷選手の名言

イラッときたら負けだと思っています

（2015年3月21日　週刊現代）

天風の言葉

憤怒《ふんぬ》は悪魔の息吹なり

（『真人生の探究』より）

今年のWBCを見て驚いた人もいるだろう。エンゼルスでは落ち着いた表情を常に浮かべている大谷が、感情豊かにプレーしている。ガッツポーズ、そして雄叫び。世界一奪還にかける強い思いが表れていた。

思えば、「ネガティブな言動をしている大谷」を我々は知らない。消極的な言動を慎んでいるからだ。発言当時は20歳。スーパースターの素養は既にあった。

大谷選手の名言

僕は常に楽しいですよ

（『証言　WBC2023　侍ジャパン激闘の舞台裏』）

天風の言葉

どんな名医や名薬といえども、たのしい、おもしろい、嬉しい、というものにまさる効果は絶対にない

（『君に成功を贈る』より）

今年のWBCに出場するために、日本代表チームに合流したときのことだった。3月3日、バンテリンドームナゴヤで行われた侍ジャパン壮行試合の中日戦。大谷はメディアから「楽しそうな表情に見える」と話を振られると、そう答えたのだった。

いつも、心を前向きなイメージ、言葉、考えで満たしておく。サラリとした受け答えにも、天風の理論が垣間見える。

大谷選手の名言

憧れるのを、やめましょう

（『証言 WBC2023 侍ジャパン激闘の舞台裏』）

天風の言葉

「自己を作るものは自己なり」という真理は、まことに侵すべくもない絶対的なものである

（『真理のひびき 天風哲人 新箴言註釈』より）

日本球界の名スピーチとして歴史に残るだろう。今年のWBC決勝、アメリカ戦を前に、大谷はロッカールームで仲間たちにそう呼びかけた。アメリカ代表には、MLBのスーパースターが居並ぶ。日本のトップ選手であっても、動揺してもおかしくはない。考え方ひとつで人生は変わる。言葉に出すことで自己暗示にもなる。天風理論が濃縮された一言だった。

大谷選手の名言

いい時も悪い時もあったけど、それも含めて楽しめた

（2018年12月21日付 日刊スポーツ）

天風の言葉

不幸だとか幸福だとかいうのは、その人の考え方だもんね。考え方が人生を幸福にもし、不幸にもする

（『心に成功の炎を』より）

日本ハムの本拠地・北海道から旅立ち、MLBのエンゼルスでのルーキーイヤーを終えた2018年末。2年ぶり2度目の日本プロスポーツ大賞を受賞し、大谷は受賞のコメントを発した。

人生、悪い時期があったからといって、言動まで悲嘆にくれる必要はない。底に落ちたら、あとは上がるだけ。どんなときも心を積極思想で満たして前に進む姿勢が表れている。

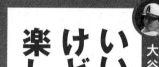

大谷選手の名言

寝れば寝るだけいい。質はその次。まずは量を確保する

（2023年5月4日配信　中日スポーツ）

天風の言葉

現代の人々は（中略）案外、夜の睡眠の重大性というものを正しく理解していない

（『真人生の探究』より）

寝る子は育つ。昔からの言い伝えは、まさにそうなのかもしれない。大谷は小学生時代から早寝早起き。夜9時には眠り、朝7時起床。さらに昼寝つきだ。現在も、1日トータルで10時間以上の睡眠を確保しており、睡眠重視の生活を長年続けてきた。

天風は、睡眠は大自然からエネルギーをもらう時だと説いた。大谷は宇宙クラスのエネルギーをその体に受けているのかも？

大谷選手の名言

1位以外を目指したことはない

（証言　WBC2023　侍ジャパン激闘の舞台裏）

天風の言葉

理想には信念が必要なんだ。信念がつかないと、万難を突破してもその理想の完成成就へと勇猛邁進しようとする力が分裂してしまう

（『力の結晶』より）

今年1月のWBC日本代表選考発表会見にサプライズ登場した際のコメントだ。大谷は何度も「勝つことだけを考えていきたい」と繰り返した理由を聞かれ、「野球を始めてから今まで、1位以外を目指したことはない。負けていいと思ったこともないです。」と言い切った。目標に向かって突き進む言動は、強固な信念あればこそ。さらなる飛躍に注目が集まる。

天風の
凄みを語る
1

スポーツキャスター

松岡修造さん

松岡修造さんは中村天風の理論に力を得て、1995年ウィンブルドンで日本人男子として62年ぶりのベスト8進出を果たした。引退後も「天風理論」を取り入れ、ジュニア指導やメディアで活躍を続けている。〝日本一熱い男〟が実践する、その理論とは。

「絶対積極《せきぎょく》」の思想で自分の本当の力を生み出せるようになった

苦難の時代に天風の著書と出会う

悩み多き時代。松岡修造さんは1995年春、中村天風の著書と出会った。

プロ3年目の1988年に初めて世界ランキングトップ100入りを果たすが、翌1989年には両膝の手術、1990年には足首の靭帯を損傷。しかしその苦難を克服し、1992年には日本人男子として初めてATPツアー優勝を飾り、世界ランキングは自己最高の46位まで上昇した。

世界と渡り合える男子選手として、日本テニス界の顔となったが、同年末にウイルス性の病気にかかり、世界ランキングは100位以下へ転落。けがや病気と戦いながらプロ10年目を迎え、引退が頭をよぎるように

まつおか・しゅうぞう●1967年11月6日生まれ、東京都出身。10歳で本格的にテニスを始める。慶應義塾高校からテニスの名門・柳川高校に編入し、高校2年時にインターハイ三冠を達成。その後、渡米して86年、プロに転向。けがや病気に苦しみながらも95年にはウィンブルドンでベスト8に進出。98年現役引退。世界ランキング最高位は46位。現在は後進の育成やテレビ番組への出演等で活躍中。

なっていた1995年春、松岡さんが4カ月間にわたる欧州遠征に向かう荷物の中に、天風の著書があった。

「当時はもう現役を退かなきゃいけないと思うほど精神的に追い詰められていたんです。メンタルトレーニングも日本だけでなく欧州、米国指導者に師事して、積極的に行っていましたし、哲学的な本も片っ端から読み漁りました。そんな時期に、中村天風先生の講演録三部作（『成功の実現』『盛大な人生』『心に成功の炎を』）と出会ったんです。長期遠征で荷物も多かったので、欧州には一冊だけ、『盛大な人生』を持っていきました」

物事の捉え方に感銘を受けました

松岡さんの経歴は華やかだ。父・功さんは甲南大学時代にはテニスのデビスカップ日本代表を務めながらも、卒業後は実業界に身を投じ、東宝の取締役会長を務めた。母葆子さんは元宝塚歌劇団の男役スター。その次男として誕生した松岡さんは慶應義塾幼稚舎に入り、そのまま慶應義塾高校へ。テニスにのめり込むなかで、強豪・柳川高校（福岡）への転校を決意し、人生が大きく転換する。

高校を休学してまで海外遠征に出向き、その後世界的な名指導者ボブ・ブレット氏と出会い、プロ入り前にはアメリカで武者修行。いばらの道に飛び込んでいった。

常に自らの意志で突き進む姿を想像するが、松岡さんは自身の本質を「ネガティブ」なのだと分析する。だからこそ、〝天風理論〟に心を揺さぶられた。

「天風先生は潜在意識を大切にしていらしたので、僕は生徒としては先生から叱られるタイプだったと思います。しかし天風先生関連の本を読み、赤ペンで線を引いたり、メモを書き込んだりしているうちに、何より先

1995年のウインブルドンで
ベスト8に進出（写真：AP／アフロ）

生の物事の捉え方にいちばん感銘を受けるようになりました。『思うような結果が出ないときに、なぜ心を変えてしまうんだ』という言葉や、『周りの言動や環境に心を動かしてはならない、本来、人間の根っこにある自分らしさは変わらないのだ』という言葉に、ネガティブな自分は決して悪いことではない、という自信のようなものが生まれたんです」

現役時代も今も鏡の前で朝晩誦句

松岡さんは天風の「心身統一法」を実践し始めた。前向きな言葉を発する「暗示法」、あえてポジティブなことを想像する「連想法」。個人として最も効果が出たものは、鏡に向かって誓いを立てる「命令暗示法」だったという。

天風が日々唱えなさいと言っていた言葉。「今日一日、怒らず、怖れず、悲しまず、正直、親切、愉快に、力と勇気と信念とをもって、自己の人生に対する責務を果たし、常に平和と愛とを失わざる、立派な人間として活きることを、自分自身に厳かに誓います」

現役時代は毎日朝と晩、鏡の前で自分の顔を見つめながら、この言葉をアレンジした誦句《しょうく》を口にした。現在も、自分の状況に合わせて文言をアレンジし、こう発している。

「独立決断／自分はけが、病気は絶対にしません／怒らず、焦らず、悲しまず／正直、親切、愉快に／力と勇気と信念を持って／自己に対する責務を果たし／愛と平和とを失わず／今日一日（家族の名前）と共に／厳かに生きていくことを誓います」

メンタルトレーニングと天風の思想は、ポジティブに物事を捉える点は似ているが、決定的に違う部分もあるという。

「それが『絶対積極《せきぎょく》』です。天風先生のお考えを深く理解できていないと、ただ『前向きな言葉を発すればいい』と考えがちです。しかし天風先生の素晴らしいところは、そのための方法が具体化されていることです。言葉に出す内容だけではなく、瞑想、食物の食べ方、水の摂り方……。心を前向きに持っていくために、自分で自分をコントロールしていく方法が具体的に示されているのです」

その具体的な天風メソッドを実践していくうちに、松岡さん自身にも変化が現れた。

「僕はよく『できる!って言ってもらえますか』とリクエストされることがあるのですが、この『できる』という言葉には、すごく大きな力があると実感しています。僕自身、どうしても『できない』『無理だ』という消極的な思いが心のなかにどんどん出てくるタイプなので、それを打ち消すために『できる、できる』と言い続ける。そうすると、自分の心も行動も、すべてができそうになっていくんです」

「絶対積極」で全英8強 錦織圭指導でも実践

天風の著書と出会ってまもなく、松岡さんは1995年ウィンブルドンで日本人男子として62年ぶりの大会8強入りを果たした。〝天風理論〟は自身の現役時代を支えただけでなく、次世代への指導にも生きていると言う。

たとえばジュニア選手に、勝った試合を振り返ってもらうと、「相手の調子が悪かったから」「運が良かったから」と答える選手が多い。

「捉え方がネガティブなんです。そこで選手たちには、相手の調子云々ではなく、自分自身にしっかりした実力のベースができたから勝つことができたんだと伝えています。そこが大前提であり、だからこそ反省点も見つかるわけです。こういう場面でも、先生の考え方を取り入れて活用させていただいています」

日本テニス協会の男子ジュニア強化プロジェクト「修造チャレンジ」は、すでに20年以上続いている。これだけの長期プロジェクトは、世界的にも稀だろう。

かつて、少年時代の錦織圭選手が参加した際は、「絶対積極合宿」と銘打った。

『絶対積極』と大きく字に書いて貼り出し、『無理だ』『疲れた』などの消極的な言葉を禁句にしました。すぐにはできないことなので、『暑い……けれども、頑張ってみよう』と言葉を付け足したり、『暑いなら、逆に〝涼しい〟と言ってみよう』と意識づけをしてみたり。そのうえで、真剣にみんなで練習していくと、疲れたときも不思議と笑顔が出るし、前向きな言葉が出てくるんです」

失敗したときなど、消極的なボディーランゲージが出がちなときには、あえてガッツポーズをつくることもやったという。

「錦織選手はどちらかといえばシャイな選手ですし、多くの日本人選手も同じです。でも、言葉や行動を変えると、心が前向きに整っていく。テニスでも、今までラリーをつないで守りに入っていた選手が、積極的に攻撃的なプレーをしていくようになる。『明確』に変わるんです」

「絶対積極」の思想で自分の本当の力を生み出せるようになった

瞑想でイメトレ「全員が世界一の選手に」

天風が提唱した瞑想の方法に、ブザーなどの音をきっかけに〝無我の境地〟に入る「安定打《あんじょうだ》坐法《ざほう》」がある。松岡さんは、これをテニス流にアレンジして合宿で実践した。

まず、世界のトップ選手がマッチポイントを奪取した映像を松岡さんがいくつか選び、選手たちに複数回見せる。プレッシャーがかかる中でも、「次で取る」という前向きな意識が働くことで、映像の中のトップ選手は鮮やかにマッチポイントを決めていく。

「見たあとは瞑想しながら、その映像をずっとイメージしてもらいます。そして、ブザーが鳴った直後、静けさが訪れます。この瞑想の感覚が、自分がプレーしてポイントを取ったというイメージにつながるんです。この瞑想をコートサイドで15分くらいやってから、そのままコートに入って、同じシチュエーションでプレーする。そうすると、もう全員がトップ選手と同じ感覚を得ることができるんです。」

羽生結弦と天風の共通点「弱さは強さ」

松岡さんは引退後、メディアのインタビュアーとして多くのアスリートと向き合ってきた。仕事においても、天風の理論を自分なりに実践している。

「最も大事にしていることは、『言語化していないことを言語化してもらう』。選手自身も、思いを具体化できていないことが多いんです。たとえば『この試合、勝ちにいきます』『頑張ります』という答えに対しては、どのように勝ちにいくのか、どのように頑張るのかを具体的に聞く。言葉が出てこなかったら、僕はずっと待っています。水泳の北島康介選手が勝てなかった時期には、なかなか言葉が出てきませんでした」

そういうときは選手を追い込んでいる感じになるので、松岡さんは「選手の中には自分のインタビューがあまり好きでない人もいるかもしれない」と考えることもある。

「ただ、僕がより意義を感じているのは、選手がうまくいっていない時期に話を聞くこと。なぜなら、その時期のほうが選手はより自分自身に向き合っているので、言葉に強さや深みが出てくる。この言い方は天風先生に叱られるかもしれません。ただ、人には弱さがあって、その弱さを強さに変えていけるんだと僕は考えます」

弱いからこそ強くなれる。そんな松岡さんの考えを具現化していたのが、フィギュアスケートの羽生結弦選手だった。

「羽生選手が2014年ソチ大会で日本男子初の五輪金メダルを獲得した後、インタビューした際に『弱さは強さ』という言葉が返ってきました。僕が羽生さんに感じる〝孤独〟、そしてそこから出てくる前向きさがあるからこそ、人は惹きつけられるのかもしれません。天風先生も自分の病気と向き合ってこられて、ある意味〝世界一消極的な男〟になった経験をおもちだと思うんです。弱いから強くなれる。そんなことを天風先生は伝えていらっしゃらないかもしれませんが、先生も孤独とかそういうものをたくさん味わったからこそ、心を前向きにもっていく言葉の力が、誰よりも強いのだと思います」

睡眠前に寿司を連想「寝るときも一所懸命」

引退後もさまざまな分野で活躍する松岡さん。現在も、日常生活で天風が示した具体的な行動を続けている。

「中村天風先生が一番言いたかったことは、『今を生きろ』ということ。人はそれしかできない。今この瞬間、ベストを尽くすときに大事なことは、良いときも悪いときも心は清らかに前向きにいてほしい、ということなのだと思います。僕は寝るときも一所懸命です。頑張って寝るという意味ではないですよ。いい睡眠をとるために、リラックスして、楽しい映像を想像します。1つの例ですが、僕は寝るとき、おいしいお寿司屋さんに行ったときのことを思います。1貫目から食べたものを思い出しながら、イメージして食べる。やっているうちに笑顔になってきて、だいたい7、8貫目くらいで寝ています。だから、食べるときも一所懸命。ものすごく集中しています。味わった感覚とか、『今、何を食べているのか』も含めて。だから再現できるんです。何となく食べていたら、そんなことはできない。これも先生の教えから僕が捉えたことですが、感じる心、『感性』が大事なんです」

松岡さんの熱血メッセージもまた、人々の胸を打つ。応援メッセージが掲載された日めくりカレンダーが累計部数100万部を超えるなど、多くの人に光をもたらす存在となっている。

「僕の日めくりカレンダーは、自分の経験を通してできた言葉なんです。僕の言葉に感銘を受ける人は、心に消極的なところがあるのではないでしょうか。僕自身、もともとは前向きではなく、前向きになりたいから、前向きな言葉を発してきた。陰の部分も知っているからこそ、陽の輝きもわかる。そういう意味で、僕は応援するということに向いていると思います。けがや病気、そして弱さを体感しているので、弱さを持っている人に共感できるのです。心を動かされた天風先生の言葉をそのまま自分のものにしているというよりも、自分でしっかり理解して、経験を踏まえた新たな自分の言葉で表現することが大事。それによって、初めて自分のものになる、というのが僕の捉え方です」

今の若者に勧めたい「決断筋」を鍛える

天風理論との出会いによって、松岡さんは何よりも「決断力」を得たことが大きいと感じている。それは、現代の若者への応援メッセージでもあった。

「僕には決断力がなかったんですよ。日本には、そういう方々が多くいるのではないかと思います。たとえば授業でもずっと〝受信〟している。海外では生徒側からどんどん〝発信〟してコミュニケーションを図る。僕ら日本人の文化も、自立して決断する力を養わなければいけない。僕は『決断筋』を鍛えることが必要だと思っています。決断することはすごく大変ですし、責任を取らなければいけない。だから、間違いや失敗も出てきますが、筋力は鍛えれば鍛えるほど、強くなる。だから、失敗しても大丈夫。決断して間違えることも、決断筋をつくるうえで必要なんです。とくに若者には『決断筋』を鍛えてほしい。最近ジュニア選手には、なるべく失敗しないようにプレーする選手が多い。イコール、チャレンジ精神がないということでもあります。『挑戦』は『挑む戦い』というよりも『超戦』、超えていく戦いだと思うんですよね。『チャレンジとは、今の自分を超えること』なので、決断筋を鍛えてどんどん超戦してほしいです」

決断筋が必要なのは、選手たちだけではない。松岡さんは、天風先生が今の日本社会を見たらどう言うだろうかということを常に考える。

「今の日本には、経済的な部分を含めネガティブな要素が多いですよね。日本の若者を見ていると可哀相に思えてきます。未来についてマイナスの要素が多く前向きになれない。そこで前向きになるのは相当大変だと思います。そのなかで、『前向きになれる』ということを、僕は応援を通じて伝えていきたい。もともとがネガティブな僕だからこそ、若者たちの前向きを照らしていけると思っています。」

天風の凄みを語る ②

天風師との出会いが私の野球人生を変えた

野球解説者／元プロ野球選手

廣岡達朗さん

1950〜1960年代に読売ジャイアンツで名遊撃手として活躍した廣岡達朗氏。プロ2年目の1955年、中村天風と出会ってからはその理論を実践するアスリートの先駆けとなった。球界のご意見番が歩んだ野球人生において、天風の教えは大きな柱となっていた。

何度読んでも飽きない天風師の本

中村天風師と出会ってから半世紀以上。現役時代は読売ジャイアンツの名遊撃手、引退後はヤクルトスワローズ（現・東京ヤクルトスワローズ）、西武ライオンズ（現・埼玉西武ライオンズ）を日本一に導いた廣岡達朗氏は、91歳を迎えた現在も、中村天風の著書を何度も読み返している。

「たとえば『本を読んで寝るか』というときに、今も天風師の本を読んでいます。本を読むのは楽しいですよ。新聞も、読売からスポーツ報知までいろいろのをとっています。本も新聞も読むなかで、天風師の本は5回も6回も読んでも、飽きが来ない。読みながら、『自分がまだ成し得ていないことがある』と自省することもあります。体を酸性にせず、弱アルカリ性をキープして、『今日一日、怒らず、怖れず、悲しまず』だよ、うん」

ひろおか・たつろう●
1932年2月9日生まれ、広島県出身。広島県立呉第一中学校（現・呉三津田高）－早稲田大。東京六大学リーグで人気の遊撃手として54年に巨人へ入団し、その年に新人王。引退後は監督として78年ヤクルト、82、83年西武で日本一となった名将。右投げ右打ち

悩み多き若手時代、勧められて講演会に参加

廣岡氏は1932年、広島県呉市に生まれた。眼前の広島湾に浮かぶ江田島には、全国から優秀な学生が集まる海軍兵学校があり、その登竜門となる当時の旧制中学、県立呉第一中学校（現・呉三津田高校）で学んだ。

1950年に早稲田大学教育学部へ進学すると、1年時から正遊撃手の座をつかみ、3季連続を含む4度のリーグ優勝に貢献した。1954年には、水原茂監督率いる巨人に入団し、プロ1年目は順風満帆。112試合出場、打率3割1分4厘、15本塁打、67打点で新人王に輝き、ベストナインにも選ばれた。

向上心あふれる22歳は、巨人の名二塁手・千葉茂や、球団は違えど早稲田大学の先輩で、走攻守の三拍子がそろった内野手だった蔭山和夫（当時南海ホークス）から受けたアドバイスを吸収していった。

「巨人が好きで、巨人に入りました。入って周囲はみんな反対しましたよ。入って

からは、いい先輩のいいものを勉強して、ほめられたり、叱られたりしながら、自分のものにしてね。上手になって、レギュラーになることができました。千葉さんには怒られましたよ。あるとき、遊撃手にとっては〝いい球〟を一塁へ放ったら、『一塁の選手の守備はあまり上手ではないのだから、捕れる球を投げなさい』と。いい球を投げればいいだけではないと。勉強になりましたよ。蔭山さんからは、『投げる前に見ろ』、と言われました。（遊撃手として二塁ベースカバーに入ったとき）走者に早めにタッチして、グローブを付けたままにしていると、スライディングで蹴ってくる。だから、『瞬間でタッチしろ』とかね」

プロ2年目の翌1955年、転機が訪れた。大学時代に「六大学（神宮）の貴公子」と呼ばれた華麗な守備力は健在だったが、打撃不振に陥り、そうなると守備においてもミスが出てくる。そのような悩み多き若手時代に、知人に勧められて天風の講演会に出かけた。

「プロは入ったら『やって当たり前』の世界。やっていくうちに、立ち向かわなければいけないこともある。プロの世界には怖さがあるんです。友人にそんな話をしたら、『こういう先生がいるから、行ってみるといい』と勧められて講演を聞きに行きました。それが天風師とのきっかけ。当時も、自分ではきちんとやっていたつもりなのですが、若いから『つもり』だったのです。あとで振り返ってみると、若いころには邪念がある。好き嫌いで物を言ったり、何かを決めたりする。無心で一所懸命やればいいものを、つまらない欲を出すんです。自分本位にやっていたこともあったと思います。いい教えを受けても、その通りにはいかないこともある。そんなときは陰ひなたなく、言うべきことを言えばいい」

入院中に支えとなった師の言葉

天風の語り口は、骨太でありながらも、わかりやすく軽妙な語り口であったという。最初は講演の内容よりも、その話しぶりに魅力を感じ、何度も講演へ足を運んだ。

「天風師の理論は、『こうすれば、そうなる』なんです。How to sayではなく、『How to do』。そこが素晴らしい」

天風師が提唱する「心身統一法」を実践した。「きょう一日、怒らず、怖れず、悲しまず――」「私は力だ。力の結晶だ――」の言葉を欠かさず口にした。そのうちに、天風の自宅を訪ねるまでに親交を結ぶようになった。

再び転機が訪れる。レギュラーの座を確固たるものにしていた1957年、4月14日の国鉄スワローズ戦（後楽園）の試合前練習中、膝蓋骨を骨折するアクシデントに見舞われた。そのまま入院となり、引退も頭をよぎるなか、廣岡氏には天風の言葉が支えとなった。

「人間は多くの人が考えているほど、弱く、あわれなものではありません。生命のなかに、あなた方が気づいていない強い力が実在している。病気や運命をどうすることもできないものだと、軽率にも断定している人がいますが、一体、あなた方は悩んだり、苦しんだりするためにこの世に生まれてきたのではありますまい。人間というものは、一生を通じて幸福に生きられるように、本来はつくられているのです」

自分の治癒力を大切にする

巨人の当時チームドクターだった吉田増造医師に治療を受け、膝の骨折では異例の早さで2カ月後には試合復帰。廣岡氏は吉田医師の治療に感じ入るとともに、天風の考えである「心が体を動かす」ことを実感していた。

「天風師は自然の原理を重視しています。空気があるから、人は息をしている。太陽が東から上り、西に沈む。すべては自然の法則に従っている。だから、その法則に従って、何事も良くしていく必要があるんです。病気になったとき、薬や注射に頼りきるのではなく、自分の治癒力を大切にすること。球界にはトレーナーもいますが、吉田先生は患部を安定させてから治すのではなく、パパッと治して安定させる。そのほうが、治りが早いんです。私が骨折したときは、20日間で練習に復帰しました。（当時巨人の）水原茂監督は、ケガをすると「ツバをつけておけば治る』なんて言いましたが、そういうこともあるのです。今の人は自然治癒力をもっと重視したほうがいいでしょう」

現役時代の廣岡氏（写真提供：共同通信社）

キャンプインの前には座右の書を読み返す

廣岡氏には、人生において「5人の師」がいるという。天風をはじめ、吉田医師、そして天風と親交のあった合気道の創始者・植芝盛平、その一番弟子の藤《とう》平《へい》光一、剣道家の羽賀準一。合気道は、王貞治（現・福岡ソフトバンクホークス球団会長）に一本足打法を指導した荒川博の紹介で、1960年シーズン前のオフ期間中に入門した。植芝は合気道の開祖であり、藤平にはよく稽古をつけてもらった。剣道家の羽賀には1962年正月の寒稽古から居合を習った。武道を通じて「気」を養い、それをコントロールする術を学んでいた。

「現役時代、シーズンを通しては、（医師の）吉田先生に体のことを教わりに行き、シーズンオフがほかのことも勉強するチャンスでした。（藤平は）もともと柔道出身。体が小さいと、自分よりも大きな相手にやられるところを、相手の力を利用することを身につけた。これは天風の理論なんですよ」

　プロ野球選手がシーズンオフ、心身の修養のために異なるスポーツやコーチに〝弟子入り〟する習慣は現在も続いているが、廣岡氏はそのはしりだった。キャンプインの前には、座右の書としている『真人生の探究』（天風会刊）を必ず読み返して臨んだ。胸に刻んだ内容は「人生建設に絶対に必要とする生命の力」で、その力とは①体力②胆力③精力④能力⑤判断力⑥断行力。つまり、①の体力以外は、すべて「心」にまつわることであり、まずは自身の心を整え、その心をもって体を動かしていく。つまり、天風の理論「心は体を動かす」は、アスリートにとって実感のある教えだったのだ。

引退も覚悟した師の言葉『巨人の廣岡として死ね』

廣岡氏は自身の子どもたち3人について、天風から命名してもらっている。長男・克己、長女・祥子、次男・信也。公私ともに天風の「心身統一法」を実践し、廣岡氏はその内容を若手選手にも伝えていた。

　1961年、川上哲治が巨人の監督に就任。廣岡氏は選手兼任コーチとなり、天風理論を若手選手にも伝えていたが、批判を浴びることもあった。

「川上さんは、打つことに関してプライドを持っている人。坐禅などをいろいろ勉強されていましたし、何かあったときは選手を呼んで、きちんと一対一で話をするという、良いところがありました。ただ、私は練習について川上さんに言い返していたら、嫌われてしまいました。最後は（巨人から）私を出そうとしましたから。1964年の秋、トレードの話があったんです。好きで入った巨人だから、ほかの球団へ行くのは考えられなかった。天風師に話をしたら、『巨人の廣岡として死ね』と即座に言われましたね」

　廣岡氏はその言葉で引退も覚悟。川上との間に球団幹部やオーナーが入ることで残留することになったが、最終的に1966年シーズンをもって現役を引退した。

「引退後、評論家になってからも、巨人を取材させてもらえなかったり、球場に入れてもらえなかったり。やられましたね。でも、『負けるもんかい』という気持ちになったから、〝世界一周〟できた。だから、川上さんのおかげ」

　引退翌年の1967年2月、見聞を広めるために自費でアメリカ留学した。当時はまだ1ドル360円の時代で、アメリカ野球留学は異例中の異例。メジャー球団を視察して回った。

「大変だったけれど、プラスになりました。キャンプを視察するなかで、向こうは多民族だから、平等でないと選手は文句を言う。一方で、スライディング専門の指導者もいて、専門が細分化されていました。当時でもそうなのだから、この点では日本はまだまだ遅れているね」

天風理論に基づく〝廣岡イズム〟

廣岡氏の「進取の精神」は、天風の理論「絶対積極」の賜物でもある。現役引退後に新たな人生を歩みだし、「できる」と信じ、できるように行動し続けた。

　アメリカ留学から帰国後にサ

ンケイスポーツの評論家となってからは、自身の手で原稿を書き、何度差し替えを食らっても、書き続けた。すると、頭のなかにあった野球への考え方が整理されていくことにも気づいた。

「自分で記事を書くようになったんです。今までの野球選手の仕事とは、全く違う仕事。タイプライターを打っていて思いました。『人間は努力すればできるのだ』とね」

1970年には、故郷・広島を本拠地とする広島東洋カープのコーチに就任し、1976年にヤクルトの監督に就任した。そして1978年には球団初の海外キャンプ（アメリカ・ユマ）を敢行し、同年、ヤクルトを球団初のリーグ優勝に導いている。

1982年には西武の監督として2年連続日本一。当時はまだ日本に浸透していなかったウエートトレーニングを奨励し、肉ばかりではなくバランスのよい食事や玄米の推奨、生活習慣の改善を促した。当時は「管理野球」と呼ばれたが、40年以上の年月を経た現在、現役のトップアスリートはウエートトレーニングに励み、食事は栄養士をつけて管理をしている選手も多い。

また、1994〜1996年にはロッテで、現在では日本の各球団に浸透した、日本球界初のゼネラルマネジャー（GM）を務めている。天風理論に基づく〝廣岡イズム〟は時代を大幅に先取りしていたといえるだろう。

自然の有機物を食べることが良いとする天風師の教えを活用して選手に玄米食を勧めました。さらに本を読んだりするなかで、固い物を食べたほうがいいという考えに至りました。唾液を混ぜることが大事。よく噛んで唾液を混ぜると五臓六腑が喜ぶんです。睡眠についても、天風師が言う通り。寝る前につまらないことを考えるんじゃない。睡眠中は宇宙からエネルギーをもらっている。宇宙が主役であって、我々はその恩恵を受けているのです。お世話になるわけだから、起きたら自分で布団を畳むわけです。目が覚めたら、生かしてもらっているという感謝の気持ちを持つこと。起きたということは生きている証拠。生かしてくれているわけだから、やるべきことをやるぞという気持ちで起きないといけない」

当時は厳しいと言われた〝廣岡イズム〟。しかし、教え子たちは一流となった。ヤクルト時代の教え子である若松勉、大矢明彦、西武時代は田淵幸一、東尾修、石毛宏典、伊東勤、渡辺久信、秋山幸二、工藤公康、大久保博元、辻発彦らが、のちに各球団で監督を務め、半数以上がチームを優勝させている。

教え子が現役を引退すると、「コーチの勉強をしなくてはいけない」と説き続け、たとえば工藤は大学院に進学したのち、福岡ソフトバンクホークス監督として7年間で5度の日本一に導いた。廣岡氏は球界に「前例」と「人」を財産として残したのだ。

方針のある監督はいるが信念を持つ監督が少ない

今年で91歳を迎えた。

「天風師を人生のライバルというふうに本に書いたこともありましたが、今はライバルというより、違うふうに考えています。天風師は92歳で亡くなった。〝5人の師〟と仰いだ先生方も、同じ歳くらいで亡くなっている。そして、川上哲治さんは93歳で亡くなった。私は、その年齢よりも1年でも長く生きようと思っています。今の球界には、方針のある監督はいるけれど、信念を持つ監督が少ない。手取り足取り教えられるコーチも、『とにかくやりなさい』と言える指導者も少なくなった。やるべきことをやればいいんです。やらずに文句を言うヤツが多い。やれば信念になります」

Contents 目次

中村天風その人生と名言

目次 Contents

編集：宮下雅子（宝島社）
表紙デザイン：妹尾善史（landfish）
本文デザイン：落合あや子
DTP：ad crew
編集協力：高水茂、丸井乙生、元木哲三、岸並徹

第1章

中村天風の生涯

●幼少期～日露戦争の終戦まで

●発病～渡米～運命の出会い

●実業界への転身～天風会の発足

中村天風の生涯 1

幼少期～日露戦争の終戦まで

- 誕生～学生時代
- 頭山満との出会い
- 軍事探偵に従事
- 結核発病

気性の荒い青年は陸軍の軍事探偵として満州の地へ

１８７６（明治9）年、東京に生まれた天風は、幼いころから乱暴が絶えず、近所の子どもとけんかをしては相手に怪我を負わせていた。中学も暴力事件に巻き込まれて退学。その後、政界の大物・頭山満《とうやまみつる》との出会いが天風の人生を大きく変えていく。陸軍の軍事探偵として日露戦争時の満州に潜入。そこでロシアのコサック兵に捕えられ、死刑宣告を受けることになる。

1876(明治9)年
7月30日、現在の東京都北区王子にて、父・祐興、母・テウの三男として生まれる。本名・三郎。

1877(明治10)年
西南戦争。

1888(明治21)年
東京・文京区の湯島小学校を卒業。小学校時代は乱暴の絶えない子だった。

1892(明治25年)
修猷館中学を退学。玄洋社の頭山満翁に預けられる。陸軍の軍事探偵・河野金吉中佐の鞄持ちとして、日清戦争開戦前の満州および遼東半島方面の偵察・調査に従う。

1894(明治27)年
日清戦争(～1895年)。

1902(明治35)年
参謀本部諜報部員に採用される。

1903(明治36)年
1年間の訓練を受けたのち、日露戦争の軍事探偵としてハルビン方面に潜入、満州での諜報活動を開始する。

1904(明治37年)
日露戦争(～1905年)。
3月、ハルビン郊外でロシアのコサック兵に捕えられ、死刑の宣告を受ける。しかし、以前馬賊にさらわれたところを助けた土地の少女の通報で、銃殺される寸前、仲間に助けられる。

石川五右衛門のような大泥棒になるかも

中村天風は1876(明治9)年7月30日、東京府豊島郡王子村(現・東京都北区王子)にて、父・祐興《すえおき》、母・テウの三男として生まれた。本名を三郎という。

父の祐興は、筑後国(福岡県南部)の旧柳川藩士で、九州男児らしく剛毅な性格の持ち主であったが、若くして長崎に遊学して新しい学問を身につけ、新文明に積極的に接触し、それを取り込んだ人物でもある。維新後は、明治政府に仕官し、紙幣に使う紙の研究と開発に尽した。1875(明治8)年には、初代抄紙局局長に就任。贋札防止用に透かしの入る良質な紙幣用紙を開発し、その紙は後に「中村紙」と名づけられた。

母のテウは、江戸は神田の生まれで、気丈な性格の持ち主であったと言われる。

天風には生まれたときに前歯が生えていたと言われる。これは不吉な前兆ではないかとテウが易者に見せたところ、その易者は「三郎(天風)は将来、石川五右衛門のような大泥棒になるかもしれない」と言い、さらに「良くなれば多くの人を救うかもしれない」と言ったというエピソードが残されている。

易者の言うとおりかどうかはわからないが、成長した天風は手が付けられないほどの暴れん坊になり、近所の子供とけんかをしては相手にけがを負わせ、母のテウが菓子折を持って謝って歩いたという。

福岡の中学を暴力事件で退学になる

1888(明治21)年、天風は湯島小学校(東京文京区)を卒業。祐興は旧友である前田正《まさ》名《な》の伝《つて》で福岡にある修猷館《しゅうゆうかん》へ天風を入学させた。祐興には、質実剛健の気風に満ちた福岡の中学で天風の性根を叩き直そうという考えもあったようだ。

　福岡藩の藩校であった修猷館は、明治になって一時廃止されたが、後に旧藩主の黒田長溥《ながひろ》によって1885年、英語専修修猷館として再興された。後に福岡県立修猷館高等学校となるこの学校は、元首相の広田弘毅《こうき》や、政治家でジャーナリストの中野正剛《せいごう》など、多くの逸材を輩出している。当時の修猷館はすべての教科の授業に英語の原書を用いていた。

　天風が修猷館に在学中の1891年3月、ある事件が起きる。それは修猷館の前を通りかかった福岡第24連隊の隊列に、校庭から石(もしくは瓦の破片)が飛んできたというもので、世に「投石事件」と言われている。

　この事件で軍隊が修猷館の学内に侵入し、大騒ぎとなったが、天風は正義感から軍人を侮辱したため、営倉に入れられた。しかし福岡県知事のとりなしで、なんとか釈放されたと天風は後年、講演で述べている。

　その後天風は、柔道の大会で負かした相手に逆恨みされ、報復を受ける過程で、誤って相手を死亡させてしまう。正当防衛が認められたものの、そのことが原因で修猷館を退学になっている。

政界の大物
頭山満との出会い

　修猷館を退学後、天風は前田正名の紹介で頭山満に預けられた。頭山は箱田六輔、平岡浩太郎らとともに玄洋社を創立した人物である。

　玄洋社は1881(明治14)年に結成された日本の政治団体で、国家主義運動の草分けとして活躍した。初めは自由民権運動に邁進していたが、次第に国権主義、アジア主義を主張し、朝鮮やインドの独立、初期の中国革命など、アジアの自立に向けて活躍した。

　頭山は気性の激しい天風を「豹《ひょう》のようだ」とたとえた。天風にとって頭山は師であり父のような存在であった。天風は頭山から多くのことを学び、頭山に誠心誠意尽くした。

頭山満(1855-1944年)。出典：頭山満翁写真伝刊行会 編『頭山満翁写真伝』、国立国会図書館デジタルコレクション(https://dl.ndl.go.jp/pid/1688618)

　その頭山は1892年、まだ16歳の天風を、陸軍の軍事探偵・河野金吉《こうのきんきち》中佐の鞄持ちとして日清戦争開戦前の満州および遼東半島方面の偵察調査に従わせた。

　天風は帰国後、頭山の世話をしながら中国語を学んでいる。軍事探偵として再び中国に赴任するためである。

「天風」の号を得て
満州に渡る

　そして1902年、天風は参謀本部諜報部員に採用され、1年間の訓練を受ける。

　「天風」という号を頭山から勧められたのもこの時期と言われている。これは天風が随変流抜刀術「天津風《あまつかぜ》」をよく使ったこと、「天高く突き抜ける風」という天風の性格から取ったものとも言われる。

　また、この時期天風はヨシという嫁も娶《めと》った。大らかな性格のヨシは、生きて帰るかもわからない満州に旅立つ天風の生還を信じて気持ちよく送り出したという。

　1903年、天風はハルビン方面に潜入、満州での情報活動

天風は陸軍の軍事探偵として満州に渡った（写真は現在のハルビン）

を開始した。

銃殺寸前の危機を少女に救われる

翌1904年には日露戦争が勃発。その年の3月、天風はハルビン郊外の松花江《しょうかこう》にかかる鉄橋爆破の任務についたとき、ロシア軍のコサック兵に捕らえられ、死刑の宣告を受けた。

天風はその時の様子を、執行日前の晩はぐっすりと眠り、供された最後となる食事をたらふく食べ、銃殺時の目隠しを拒否するなど、恐怖は微塵も感じなかったと語っている。

そして、いよいよ銃殺という刹那、ある少女の通報を受けた仲間に助けられた。

天風の危機を仲間に通報した少女は、以前、馬賊にさらわれたところを助けた土地の少女であった。その少女は、天風が助け出される際に、巻き添えになって死んだという。

天風は少女の死に涙したが、このときはまだ自分自身が死の恐怖を実感することはなかった。

天風を襲った死の恐怖

やがて日露戦争が終結し、天風は日本に帰国する。

妻のヨシは天風が出征している間に天風の子を生んでいた。

陸軍の高等通訳官に任命された天風は妻子と共に、しばし幸せな生活を送ることになる。

しかし、その幸せも長くは続かなかった。天風は通訳の任務について3カ月目に大喀血し、病院に運ばれる。そして当時の死病であった奔馬性《ほんばせい》肺結核と診断された。

ロシア兵に銃殺されそうになった時ですら死の恐怖を覚えなかった天風を、病による死の恐怖がひたひたと襲う。

天風は、死の恐怖に取りつかれ、すっかり弱くなってしまった自分の心と葛藤することになるのだった。

中村天風の生涯❷
発病〜渡米〜運命の出会い

◆答えを求めて
◆欧米への船出
◆インドでの修行
◆孫文との友好

病気で弱くなった心を強くする方法を求めて

奔馬性結核に罹患した天風は、死への恐怖から弱くなっていく自分の心に苦しんだ。病気で弱くなった心を強くするため、天風は病の身体を押して米国に密航、さらには欧州に渡る。しかし当時世界最先端の医学や哲学も、天風に満足な答えを与えてくれなかった。失意の天風はフランスのマルセイユ港から帰国の途に就くが、途中立ち寄ったエジプトの地で、人生を大きく変える運命の人物と出会う。

1906（明治39年）

陸軍から任命され、朝鮮総督府の高等通訳官の任務につく。
しかし任務について3カ月目に喀血。当時の死病であった奔馬性肺結核と診断される。

1909（明治42年）

オリソン・スウェット・マーデン博士の教えを乞うために、病の身を押してアメリカに密航。ニューヨークでマーデン博士に面会するが、期待が大きすぎたせいか、話を聞いても救われなかった。
コロンビア大学で聴講生となり、免疫系と自律神経系統について学ぶ。
哲学者、有名識者を尋ねてヨーロッパへ渡り、ロンドンで、H・アデントン・ブリュース博士の講習会に参加。

1910（明治43）年

フランスで、大女優サラ・ベルナール邸に寄宿し、ヨーロッパのさまざまな思想、文化にふれる。

1911（明治44年）

近代医学をもってしても救われない失意のまま、マルセイユ港から帰国の途につく。
途中エジプトのカイロでヨガの指導者カリアッパ師と邂逅《かいこう》。師に導かれてヒマラヤ第三の高峰カンチェンジュンガの麓、ゴルケ村に入り、ヨガ哲学の行の指導を受ける。

1913（大正2）年

2年数カ月の修行で結核は治り、悟りを得て、カリアッパ師より帰国の許しを得る。
帰国途上、上海にて第二次辛亥革命に参加。

一縷の望みを託して渡米を決意

結核に罹った天風は、病気で弱くなった心を強くするためにはどうすればいいかという答えを求め、著名な宗教家、学者、識者を訪ね歩いた。だが、誰一人として天風が満足する答えを与えてはくれなかった。

さらに天風は、宗教、哲学、心理学の書や学者の論文などを読み漁った。この時期には、今まで日本にはなかった哲学という概念が輸入され、フランスの哲学者アンリ・ベルグソンなどが若者の支持を集めていた。

そして天風は、米国の哲学者、オリソン・スウェット・マーデンの著書に出会う。後に『如何にして希望を達す可《べ》きか』という題名で翻訳されるこの本の原書を、天風は寝食も忘れて読み耽った。

「人間は驚くべき可能性を持ち、その潜在力は何者かの力によって目覚め、美と力の花を咲かすのを待っている……」

天風はこの「潜在力」という考えに一縷《いちる》の望みを託し、マーデン博士の教えを乞うため米国への渡航を決意する。

ニューヨークでの失意と絶望

天風が日本を出国したのは1909（明治42）年と言われている。結核患者に政府が渡航許可を出すはずもないので、天風は密航する。

横浜から貨物船に忍び込んで上海に渡り、喜望峰回りの苦しい船旅の末、ニューヨークに着いた天風は、すぐにマーデン博士に面会を求めた。しかし博士の口からは、著書に書かれたこと以上の答えを得ることができなかった。

失意の天風は、当時ニューヨークで流行していた健康法や精神療法をことごとく試すが、そこでも満足な答えは得られない。

そうこうしているうちに渡航費が底を尽きかけてきた天風は、コロンビア大学に留学していた裕福な華僑の代理で授業に出席し、その謝礼で当座の資金をやり繰りした。

代理出席のついでに、天風は医学部の講義にも出席し、結核の最新情報も手に入れたが、知識が増えるほど病気に対する恐怖が募るばかりだった。そしてついに米国に見切りをつけた天風は、次に欧州の地を目指した。

欧州での体験と運命の出会い

英国のロンドンに渡り、さまざまな講習会に出席しながら学者や識者を訪ね歩いた天風だったが、結果は米国のときと同じであった。

その後、天風はロンドンにある日本商社の幹部からフランスの大女優サラ・ベルナールを紹介される。フランスに渡った天風は、サラの邸宅に寄宿して、欧州の思想や文化に触れた。

結局、天風は欧米で当時最先端の医学や哲学などの思想、芸術文化を学んだが、肝心の「病気で弱くなった心を強くする方法」は見つからなかった。

近代医学をもってしても救われない自分の心と身体に失望した天風は、どうせ死ぬなら生まれ故郷である日本の土になろうと、マルセイユ港から帰国の途に就いた。

ところが、スエズ運河でイタリアの砲艦が座礁していたため、天風の乗った船はエジプトのアレキサンドリア港にしばらく停泊することになってしまう。

そこで天風は船員に誘われてピラミッドを見学に行くが、途中カイロで大喀血をする。結局ピラミッドには行かず部屋で休んでいた天風を気遣い、ホテルの支配人が食堂に誘った。

そこで天風はその後の運命を変える人物に出会うのだった。

修行の果てに悟りを開く

食堂に、小国の王のような気品ある人物がいた。彼は天風の姿を見かけると声をかけ、自分のテーブルに招き寄せた。

その人物は、天風の肺にある疾患を見抜き、「お前はまだ死ぬ運命ではない。助かる方法を教えよう。私についてきなさい」と言った。

天風は何の疑いもなく「はい、かしこまりました」と答えたという。天風はこの人物の言葉の響きの中に、真実のもつ重みと深い愛情とを感じ取っていた。

この人物は、ヨガの聖者カリアッパであった。彼に従い、天風が連れて行かれたのは、ヒマラヤの霊峰カンチェンジュンガの麓にあるゴルケという村だった。

天風はこの村で家畜と共に寝起きするような寝所を与えられ、カリアッパ師の指導を受けながらヨガの修行を始めた。最初のうちは、粗末な衣食で病がますます悪化するのではないかという不安にさいなまれ、いつになったら救われるのかと師に詰め寄ったこともあった。

そんな天風に対し、カリアッパ師は、器に水をいっぱいに注いで持ってくるよう指示した。さらに別の器に湯をいっぱいに注いで持ってこさせ、その湯を水の入った器に注ぐように命じた。

天風は、水のいっぱい入っている器に湯を注げば、水がこぼれますと反論した。するとカリアッパ師は、天風の頭の中も、この水のいっぱいに入った器と同じだと諭した。空っぽにしない限り、私がどんなに教えを授けても、天風の頭は受け入れないだろう、と言うのである。

その日から天風は、生まれたばかりの赤ん坊のような気持ちで師の教えに従った。

そして2年数カ月の修行で、

カンチェンジュンガの麓にあるインドの山村で修行を積み、悟りを開く

天風は、神経反射の調節法（クンバハカ）を体得し、ヨガでいうサマディ（悟り）の境地に至った。大自然の中でひたすら瞑想に耽ったある日、自分が何ものにもこだわっていない無心の瞬間にいることに気づいたのである。それをカリアッパ師は「天の声を聞く」と表現した。

天の声を聞いたとき、命の中に本然の力、すなわち生命の本当の力がわき上がる。心が体を思わず、同時に心が心を思わなければ、命の全体が宇宙の根本主体とつながる。そして宇宙の力が自分の力となる。

宇宙と一体となって生きている自分の命を感じ、自分はその宇宙の力そのものだと実感した天風は、そのときのほとばしる心の叫びを「力の結晶」という言葉で表現した（40ページ参照）。

孫文を助けるべく中国で革命に参加

修行によって健康を取り戻した天風は、カリアッパ師の元を去り、帰国するため上海に向かった。

天風がインドで修行をしている間に、世界の情勢も大きく変わっていた。中国では１９１１年、辛亥《しんがい》革命が起こり、清軍と革命軍が武力衝突、米国に渡っていた孫文が中国に戻り中華民国の初代総統となった。

だが軍閥出身の袁世凱《えんせいがい》が政権を樹立し、孫文の国民党を弾圧。これに対抗して孫文は挙兵し、第二次辛亥革命が起こった。上海に立ち寄った天風は、孫文に手を貸すべく革命に参加した。実は孫文がかつて日本に亡命し、頭山満の世話を受けていたとき、天風は孫文の身辺警護に当たったことがあったのである。

しかし国民党の武装蜂起は短期間で鎮圧され、孫文は日本に亡命、天風も帰国の途に就いた。

船上から4年ぶりに富士山を見たとき、天風は人目もはばからずに泣いたという。

財を捨て、自ら行うべき道を見出し天風会を発足

インドでの修行を終え帰国した天風は、実業界に身を転じる。事業は順調に展開し、天風は大きな財を成した。しかし天風はそれに満足していたわけではなかった。ふとしたきっかけで親戚に自己の体験を語り始めた天風は、己の講話が人々に対して影響力を持つことを知る。そして、自分のようにインドで修行を積まなくても、人々が日本で悟りを開き、生命力を充実させる方法を模索し始める。

1914（大正3）年
第一次世界大戦（〜1918年）
天風、このころ帰国。
帰国後、実業界で活躍し、いくつかの会社の経営に携わる。

1919（大正8）年
6月8日、実業界から身を引き、単身「統一哲医学会」を創設し、上野公園精養軒前で辻説法に立つ。
同年9月、天皇の諮問奉答者であった向井巌に見いだされ、日本工業倶楽部での講演に招聘される。
向井の紹介で原敬をはじめとする政財界の人々が熱心に天風の講演を聴く。

1940（昭和15）年
統一哲医学会を天風会と改称。

1945（昭和20）年
強制疎開を命じられ、自宅兼天風会本部であった本郷丸山福山町（現・文京区西片）の屋敷が取り壊され、茨城県利根町布川に疎開する。

1946（昭和21）年
10月、虎の門ビルにて戦後初めての講習会が開かれる。

1948（昭和23）年
文京区音羽にある護国寺の月光殿で、講習会や修練会などが定期的に行われるようになる。

1962（昭和37）年
公益性を認められ、財団法人天風会となる。

1968（昭和43）年
4月、天風会館落成。
12月1日、死去。享年92歳。

実業界に身を投じる

天風は帰国後、時事新報社に勤めるが、その後、友人知人に頼まれてさまざまな会社の経営に携わるようになる。

折しも1914年に始まった第一次世界大戦による特需で、日本は空前の好景気を迎えていた。その追い風も受け、強い心と頑健な体を取り戻した天風は、実業界でめきめきと頭角を現し、事業は順調に展開する。健康も富も手に入れた天風の人生は順風満帆だった。

数年のうちに天風は豪邸を構え、江の島や熱海に別荘を持つほどの身代になった。そして夜は柳橋や新橋、赤坂などに現れ、お座敷で金をばらまくような豪遊を繰り返していた。

しかし天風は、このような事業家としての成功や、そこから得た富に心から満足していたわけではなかった。

自らの体験談を語り始める

実業家として活躍していた天風は、ある日、妻のヨシから頼みごとをされる。病気で神経衰弱になっている従弟に、インドでの経験を話してほしいと言うである。

ヨシの従弟夫婦だけかと思いきや、天風の話を聞きたいという親戚や知人たちが集まり、みな天風の話に感銘を受けた。これがきっかけとなり、天風はしばしば自宅で講話の集まりのような会を催すようになる。そしていつしか、名声や富を得ることでは決して感じることのなかった充足感で心が満たされるのを実感し、人に生き方を説いていくことを決意。自分の体験を哲学として体系化していくことになる。

そのために天風は、寄席に通って話し方のコツを研究した。さらに医師の兄の協力を得て、

第一次世界大戦の特需で日本は好景気に　写真：TopFoto/アフロ

医学の勉強にも没頭した。

こうした経験が、天風が後に自分の教えを体系化するときの基礎となった。

自らが進むべき道を見いだす

1918年、第一次世界大戦の終結とともに、日本は長期にわたる不景気の時代へと突入していった。

この年、米価の暴騰をきっかけに各地で米騒動が起き、炭鉱では賃上げ要求を巡って労働者の暴動が起きた。

天風は頭山の依頼により、福島県の平《たいら》（現在のいわき市）で起こっている炭鉱労働者の暴動を鎮めに行った。

初めのうちは天風に銃を向け反抗した炭鉱労働者たちであったが、天風が自分たちを裁きに来たのではないとわかると暴動を主導するリーダーに引き合わせた。

天風は、炭鉱労働者たちが生活苦から暴動を起こしていることを知ると、貯炭を売ってその利益を分配することを提案する。炭鉱労働者たちは、さすがに鉱主の所有物に手を出すことには抵抗を示したが、天風は構わず貯炭を売り払ってしまい、その利益を分け与えた。

お金が入り、家族に久しぶりに満足な食事を与えられた労働者たちは大いに喜んだが、天風は鉱主から背任罪で訴えられてしまう。しかし頭山が仲裁に入り、事なきを得たうえ、暴動を治めた謝礼も受け取ることができた。天風はその謝礼も炭鉱労働者たちに分け与えた。労働者もその家族も、一同に天風に感謝し、みな笑顔で天風を見送るのだった。

この一件により、天風は人々を笑顔にする行いが自分の歩むべき道ではないかとの意を強くするのだった。

初めの一歩は上野での辻説法

1919年、天風は銀行の頭取や会社の重役など、いっさいの役職を辞し、実業界から身を引いた。

一時は死を覚悟した病気から生還した天風にとって、社会的地位や富に執着はなかったが、ここまで自分を支えてくれたヨシには事前の了解を得た。これから人々のためになる事業を行うため、これからは無収入になり、屋敷や別荘も売り払うことになるからだ。

しかしヨシは、「縁あってあなたの妻になったのです。正しい志のためならどんな苦労をしてもかまいません」と答えたという。

また、天風は実業界を去るにあたり、恩師・頭山の許可も得た。もちろん頭山が天風の決断に反対するはずはなかった。

そしてその年の6月8日、天

洋装の天風

人々のために自らが行なうべき道を見出す

風は上野公園の一角にある石の上に立ち、通りを行き交う人々に「心身統一法」を説き始めた。
天風は「国民心身改良実行統一協会（すぐに統一哲医学会と改称＝現在の公益財団法人天風会）を設立し、事務所を東京麴町の経国銀行跡に置いた。

心身統一法は、天風がヨガの教えと自己の体験と人生観とを合わせた独自の理論とメソッドである。

天風の辻説法には、しだいに多くの人が耳を傾けるようになった。その中に、元平壌控訴院検事長の向井巌がいた。天風の演説に感銘を受けた向井は、天風を日本工業倶楽部での講演に招いた。この講演では、「平民宰相」と言われた原敬をはじめとする政財界の重鎮が天風の話に耳を傾けた。

天風の教えに感銘を受けた政財界など各界の有力者の支持を受け、50年にわたり教えを説いた。

東郷平八郎、原敬、北村西望《せいぼう》、松下幸之助、宇野千代、双葉山、稲盛和夫、廣岡達朗など、その影響を受けた人々は多様で、自らの人生、事業経営等に天風哲学を活かしている。

1968年、天風は92歳でその生涯を閉じた。

Column

天風と交流した人物 ❶

天風が影響を与え、与えられた著名人 －日本編－

頭山《とうやま》満《みつる》

国家主義運動家。父は福岡・黒田藩士。1881（明治14）年、箱田六輔、平岡浩太郎らと玄洋社を設立。国権論・アジア主義を主張し、対外強硬論を唱えて日本の対外膨張政策に関与。一方で、孫文・金玉均らアジアの独立派・革命派の政治家たちを支援。右翼の巨頭として政界に隠然たる影響力を持った。修猷館中学を退学になった天風は頭山に預けられ、以後、生涯の師のような存在になる。

東郷平八郎《とうごうへいはちろう》

日本の海軍軍人。1905（明治38）年、日露戦争における日本海海戦で、当時世界屈指の戦力を誇ったロシアのバルチック艦隊を撃破し、英雄となる。年下の天風に師事し、天風は喉頭がんを患った晩年の東郷を見舞った。

原《はら》敬《たかし》

1918（大正7）年、総理大臣に就任。平民であり、爵位を持たなかったことから「平民宰相」と呼ばれた。後に東京駅で刺殺される。天風は原に本然の生き方を説き、原は素直に天風の教えを聞き入れたと言われる。

双葉山《ふたばやま》

第35代横綱。幼い頃のケガで右目が半失明状態にありながら、その連勝記録69連勝は、2023年6月時点でまだ破られていない。この稀代の大横綱も天風の薫陶を受けた一人。引退後は日本相撲協会理事長として活躍。

稲盛和夫《いなもりかずお》

京セラや第二電電（現KDDI）などを創業した実業家。日本航空の再建を託された際に、天風の言葉「新しき計画の成就はただ不屈不撓の一心にあり。さらばひたむきにただ想え、気高く、強く、一筋に」を紹介し社内に掲示した。

第2章

天風哲学
「積極思考」を解剖する

●力の結晶

●笑顔で明るく生きる

●自然と一体化する

●運命を打ち開く

●まずは実行する

●年齢は関係ない

●消極的な言葉は出さない

●真の幸福

●事業の成功と労働の哲学

●「大定心」で生きる

●誠心誠意

●何も考えずに寝る

●「生存」しているからこそその「生活」

●絶対積極

力の結晶

あらゆるすべてのものに打ち克つ力

人間の運命も、健康も
心ひとつの置きどころ

天風の書籍には、この言葉がよく紹介されています。多くの場合、彼が遺した有名な「力の誦句」とともに引用されています。しかし、ここに書かれた「力」の意味以外にも、天風は、この「力」という言葉に深い関心を抱いていたようです。

その力がどういうところから生み出され、どういうときに発揮され、あるいは発揮されない場合にも、心を清く、尊く、強く、正しく持たねばならない。

その人の人生はどう変わるのか。天風はさまざまな状況で分析しています。

たとえば『運命を拓く』（講談社）の中で、天風は「力」について「生命の力」と題して第1章で次のように語りました。

「およそ人間として完全な活き方をするには、本当に心を積極

的にしなければいけない。いかなる場合にも、心を清く、尊く、強く、正しく持たねばならない。（中略）人間というものは、その正体をつきつめていくと、何しているのと同様である」

人間の生命に与えられた活き力というものは、肉体に在るのではなく、霊魂という気の中にある──そう前置きした後に天風は、人間の健康や運命は「心ひとつの置きどころ」によって決まると説きます。

大変な間違いを犯してしまうことになる。そもそも生きているという不思議な命の力は、肉体にあるのではなく、霊魂という気の中に霊妙な働きを行なう力があり、それはあたかも回っている扇風機にそれを回す力があるのではなく、電気がこれを回るのではなく、電気という気の中にある」

たとえば『運命を拓く』（講談社）の中で、天風は「力」について「生命の力」と題して第1章で次のように語りました。

魂という気である。その霊魂が、現象界に命を活動させるために、その活動を表現する道具として肉体と心が与えられている。（中略）多くの人は、命というとすぐ肉体を考えるために、そこで

も見えない、また感じない、霊魂という気である。その霊魂が、現象界に命を活動させるために、その活動を表現する道具として肉体と心が与えられている。

およそ人間として完全な活き方をするには、本当に心を積極的にしなければいけない。

宇宙創造の源の気

それが「宇宙霊」

さらに天風は、次のように論理を展開します。

「物質文化の非常に進歩している現代、なんと病人や不運の人が多いことか。これはみな、心の置きどころが積極的か、消極的かということで、その肉体の生きる力の受け入れ態勢が左右されるということを知らないからである。（中略）いかなる理由で、心の行なう思い方や考え方が、生命を強くも弱くもするのかというと、それは精神生命

なのかというと、それは精神生命を創る。

これを正しく理解し、心を清くすることで、限りない強さ、喜び、安心、平和を得られると言うのです。

宇宙創造の源の気それが「宇宙霊」

さらに天風は、次のように論理を展開します。

「物質文化の非常に進歩している現代、なんと病人や不運の人が多いことか。これはみな、心の置きどころが積極的か、消極的かということで、その肉体の生きる力の受け入れ態勢が左右されるということを知らないからである。（中略）いかなる理由で、心の行なう思い方や考え方が、生命を強くも弱くもするのかというと、それは精神生命

力が強く発揮され、逆に消極的な思考はその力を弱める。言い換えれば、私たちの思考が人生を創る。

これを正しく理解し、心を清くすることで、限りない強さ、喜び、安心、平和を得られると言うのです。

心が積極的に動けば、生命の力が強く発揮され、逆に消極的な思考はその力を弱める。言い換えれば、私たちの思考が人生を創る。

に、命を活かす力となる宇宙エネルギーを受け入れる第一機能があるからである。宇宙エネルギーは、まず、心の働く場である脳髄で受け入れられ、それが神経系統に送られ、命を活かす力となる

天風は「生命の力」は「宇宙エネルギー」の存在なくして語れない、と断言します。その宇宙エネルギーには、建設的な力（プラス）と破壊的な力（マイナス）がある。受け入れるその力がプラス側に傾くとき、人は健康で運も良い。逆に、マイナスが多く働くと、健康や運が悪くなる。

この宇宙エネルギーを天風はこの世の元になる気、宇宙創造の源の気として定義付けて「宇宙霊」と呼びます。すべての存在はこの宇宙霊から生み出された分派であり、その力を受容することで、我々の生命は活動しているのであると論じるのです。

積極的な心の態度とその先にある自己認証

人間が生きるために必要なエネルギー源とは何でしょうか。一般的には、空気、水、食物、土、太陽光線など自然由来のものが挙げられます。しかし、天風は「物質的なエネルギー源だけでは生きられない。生命を活動させる何かが必要だ」と問いかけます。

確かに、医学の観点から見れば、特定の病気に対する薬があれば、病気は治るはず。ところが実際には、同じ薬がすべての患者に効果を示すわけではありません。それを天風は「活動の原動力となる要素が不完全だからだ」と言い切ります。

さらに、健康で意義ある人生を送りたいと願う人は、人間の生きる命の力を豊富にし、受け入れられる生き方を考える必要がある、と付け加えます。命の力を豊富に受け入れる生き方とは「どんな状況でも積極的な心の態度と最高度に引き上げられた自己認証を保つこと」だと言うのです。基本的には消極的に考えないことと、人間の生命はすべての生命をしのぐ「力の結晶」であると認識し、それを堅持する。この認識こそが、理想的な人生を築くための先決問題であり、人生の真の幸福の宝庫を開くためのカギだと説きます。このように「心の置きどころ」一つで、人生の幸福の宝庫が開くかどうかが決まると言うのです。

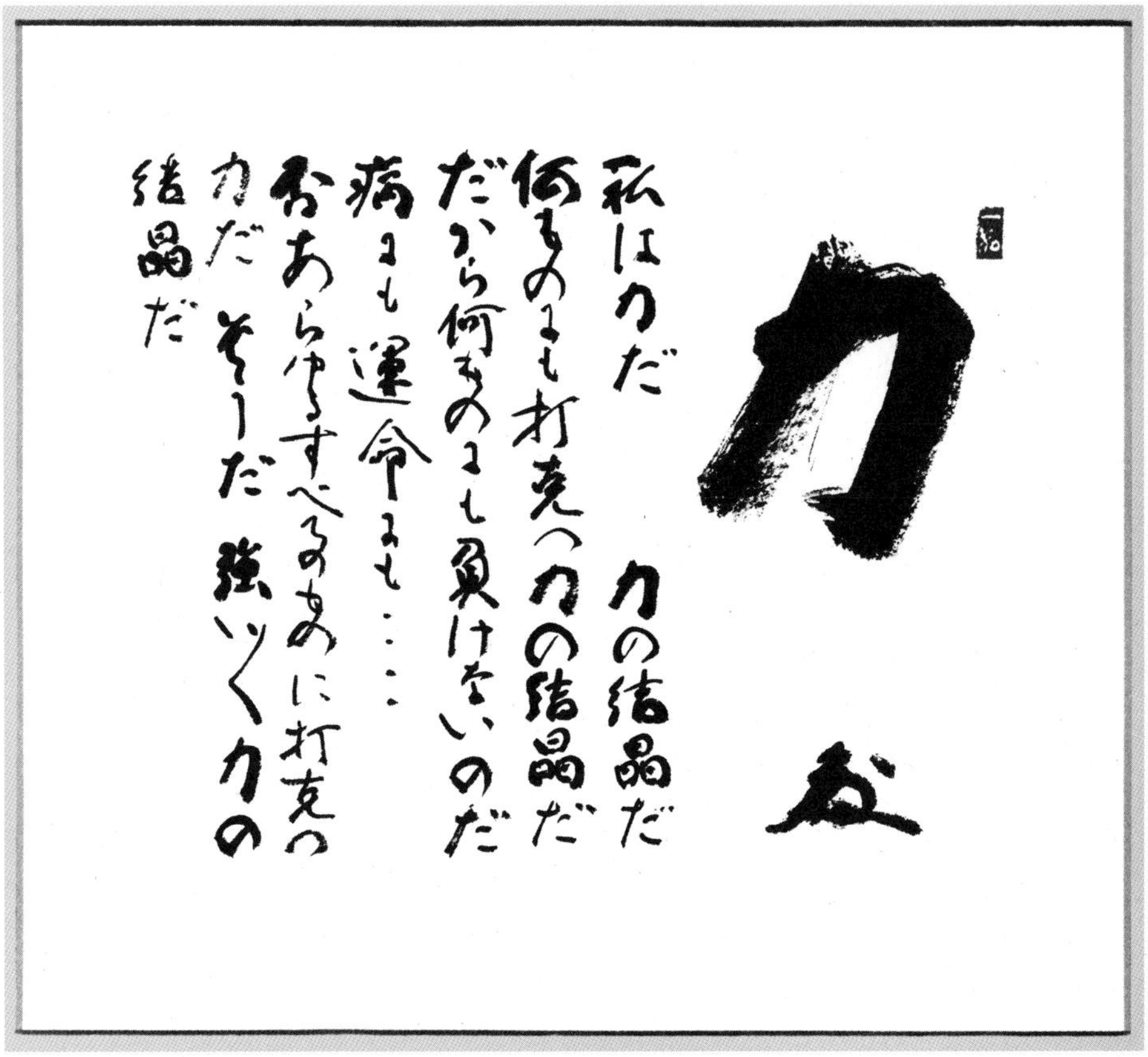
力
私は力だ　力の結晶だ
何ものにも打克つ力の結晶だ
だから何ものにも負けないのだ
病にも　運命にも……
否あらゆるすべてのものに打克つ
力だ　そうだ　強い力の
結晶だ
中村天風筆「力の誦句」

目に見えない「心」と深く結びつくもの

「心」とは人間の生命の本質である、霊魂の活動を表現する存在だと、天風は定義します。心が思考することにより、宇宙霊とつながる「命の原動力」が示されると言うのです。この宇宙霊は万物の創造源であり、人間の心が宇宙霊と深く結びつくことで宇宙のエネルギーを受け入れ、生命力を獲得することができる——つまり、私たちの思考作用と宇宙霊の創造作用が本質的に一体であると、彼は説くのです。

この真理を深く理解すると「自分自身の生命力を強化し、新しい自己認識を創出できる」「人間は心の態度によって宇宙霊の働きを調整し、運命や健康を自身の望むように構築できる」と諭します。心の積極性や消極性は宇宙霊の働きを決定し、それが「人生の質」を決定すると断言するのです。

力の結晶として元気いっぱいに生きる

天風の哲学では、健康や運命は完全に自然の法則で成り立っていることがわかります。だからこそ、人間として生まれたありがたさを認識し、どんな状況でも自分自身が「力の結晶」であるという真理を忘れずに、積極的な態度を保つ。そうすることで自然と元気が湧き、それが生命力を呼び、健康や運命の問題が解決する——この元気こそが、人間と宇宙霊の絆を示すもの。そして、人間の生命は、いっさいの生命をしのいでいるからこそ「私は力だ、力の結晶だ」と確信して元気いっぱいに生きることが肝要だ、と天風は力強く断言するのです。

Book Review

『運命を拓く』

中村天風述　講談社

中村天風は、日露戦争に諜報員として満州の野で死線をかいくぐった後、奔馬性結核にかかり、東西の哲学者、宗教家を訪ねる。しかし人生の意味についての答えを得られず、失意の果てに旅先で偶然に出会ったヨガの聖者に導かれ、「積極的人生」という答えを見いだす。人生は心の置きどころ一つで激変する、心の置きどころ一つで運命は拓かれると喝破する講演録。いつも心を清く、尊く、強く、正しく持つ——そのプラスの心さえあえれば運命は必ず好転する、生きるという力は肉体の中にあるのではなく霊魂という「気」に宿る、と天風は悟る。思いどおりにならない、仕事がうまくいかない、病気がなかなか治らないなど、さまざまな悩みや不安を克服して、人間として完全に生きたいならば「心を積極的にしなさい」と説く。政財界の著名人をはじめ、多くの人々を生き生きと活かした、哲人天風が説く感動の教えがこの一冊に凝縮。

天風哲学 2

「積極思考」を解剖する

笑顔で明るく生きる

笑顔こそが人生に幸福と勇気を呼び込む

笑顔がなければ健康も破壊される

「笑顔を失うと、命の資本ともいうべき健康もみるみる破壊されますし、また、運命とて同様に、とかく阻まれがちとなってしまうんですよ。

西洋の諺にも『和やかな笑顔の漂うところに、運命の女神はその慈愛の手を差しのべる』というものがあります。

いったい何のために、人間だけが笑えるようにできているのかということを、厳粛に考えなきゃだめですぜ。

あなた方、考えたことあるかい？」

これは『成功の実現』（日本経営合理化協会）の中の中村天風の言葉です。

天風は、どんなに辛いことやストレスがあっても、それを笑いと感謝に変え、さらには自分のエネルギーに変えてしまえと言っています。それが「心を積極的に保つ」ということにもつながります。また天風は、このような積極的な精神が自分のみならず周囲にも前向きな影響を与えると信じていました。『研心抄』（天風会）で次のように述べています。

「何れにしても、笑いは無上の強壮剤である、また開運剤である。事実に於て、ニコニコ笑顔の人の傍《かたわ》らにいる時と、難かしい顰《しか》めつらをしている人の傍らにいる時と、その何れが心持がよいかである。笑顔の人の傍らにいると、何となくチャームされ、多少の煩悶や苦労があっても忘れ得る。（中略）然《しか》るにこの位効果多分の笑いというものを、勉めて表現しないようにする人は、笑いが如何なる薬剤よりも効果あり、そして人生を極めて美しく彩る力があるという事を全然無自覚に没却している人であると遠慮なくいいたい」

どんなときも感謝し笑顔で生きることを尊び、重んじている

嘘でもいいから笑ってごらん

天風の心持ちが表れた言葉です。

幸福も健康も成功もあなたのなかにある

「幸福は物に求むべからず。心に求めよ」

これは哲学者イマヌエル・カントの格言です。若き日の天風は、病気で弱くなってしまった心を強くするための方法を求めて米国から欧州に渡りました。そして、知人の紹介により、フランスの大女優サラ・ベルナールの邸宅に寄宿することになった際、サラからカントの伝記を読むことを勧められます。

天風はカントの生き方や思想に大きな感銘を受けたと述べており、のちに創案する心身統一法にもカント哲学が影響していることが推察されます。

幸福も健康も成功も、それを強く願い、実現させようとする意志や強い心がなければ、手に入れることはできません。

そして、幸福の対象を物質的なものに求めても満ち足りることは簡単ではない、と天風は言います。仮に満足感を得たとしてもそれは一時的なもので、直ぐに不満感が湧き上がってきてしまうからです。

天風の言葉です。「やれ運命がつまらないの、人生がつまらないのって人は、その考え方がつまらないんです。いいですか、幸福も健康も成功も、ほかにあるんじゃないんですぜ。あなた方自身のなかにあるんだぜ」(『君に成功を贈る』日本経営合理化協会)

幸福というものは客観的に決められるものではなく、あくまで主観断定であると天風は論じます。その一例として、『叡智のひびき』(講談社)に次の文章があります。

「仮に客観的には恵まれていない、不幸な人に見える人といえども、一日の仕事を了《お》えて、たとえ乏しい食事でその空腹を満たすときでも、それが自分の尊い労役の花であり、心身を働かした努力の稔りであると、無限の感謝で考えたらどうであろう？　金殿玉楼《きんでんぎょくろう》の中にあって暖衣飽《だんいほう》食《しょく》、なおかつ何らの感謝も感激もなく、ただあるものは不平と不満だけという憐れな人生に比較して、まことや、人生のいっさいを感謝に振り替え、感激に置き換えて活きられるならば、截然《せつぜん》としてそこにあるものは、高貴な価値の高い尊い人生ではないでしょうか！」

嘘でもいいから笑ってごらん

天風の名言のひとつに「嘘でもいいから笑ってごらん」というものがあります。とても笑えるような状況ではないと思っても、思い切って笑ってみると、愉快な気持ちになってくるのです。ふつう、人は、おかしいから笑うものですが、この場合は逆に、笑うことで愉快な状況を作り出すのです。天風は語ります。

「いかなることがあっても、喜びを感じ、感謝を感じ、笑いを感じ、雀躍《こおど》りして喜ぶ気持ちになって、その一刻を過ごすということが、何十年来の私の習慣である。そして、朝起きると、まず、第一に、ニッコリと笑う。もう、くせがついているから、眼が覚めるとニッコリと笑う。わざわざニッコリと笑わなくても、ひとりでにニッコリと笑う。そして、『今日一日、この笑顔を壊すまいぞ！』と自分自身に約束する」（『運命を拓く』講談社）

このエピソードから天風自身がいかに「笑うこと」を実践していたかがわかります。

不幸ですら幸福を招く原動力に

人生を不幸にする元は、病と貧乏と煩悶です。これらは人生において避けて通れないものですが、こうした「不幸の元も」、心の持ち方次第で「幸福の元」に変えられる、と天風は説いています。

ここでカギとなるのは「感謝の心」です。

「そもそも病とか不運とかというものの原因を考えてください。何にも自分に落ち度がなくして、病や不運がくるはずないのであ

ります。つまり、原因あっての結果。（中略）お前の生き方に誤りがあるぞ、と自覚を促すために病なり不運なりが与えられたとしたら、これは大きな恵みですわ。それを考えたら、恨みどころか感謝に振り替え、喜びで誤りを是正するほうへと、自分の心を積極的にふり向けることがいちばん必要でしょう」（『成功の実現』日本経営合理化協会）

この考え方は「どん底と思われる状況」でも感謝できる強い心を持つことで、健康難や運命難に陥った人生を盛り返すことができるということを示唆しています。言い換えれば、不幸に直面した時こそ大きな幸福を掴むチャンスであり、幸福は自分の心の持ち方次第で呼び込むことができるのです。

暗かったら窓を開けろ

自分の人生は自分自身の力で切り拓いていくものだと天風は断言します。そして自分の心をいたわってあげることがより良い人生を歩む秘訣であると説きます。

「あなた方ねえ、苦労したり、悩んだり、人を憎んだり、怖れたり、悲しんでるとき、気持ちいいですか。あんな嫌な気持ちなかろう。その嫌な気持ちをなぜ心にさせるんだ。喜ばせてやれ。しじゅう楽しく考えさせてやれ。それが心に対するあなた方の義務だぜ。暗い方面から、嫌な方面から人生を考えりゃあ、そら世の中に明るさ、何にもないわ。暗かったら窓を開けろ。光がさしてくる」（『盛大な人生』日本経営合理化協会）

そして天風はこう述べています。

「すべての消極的な出来事は、我々の心が積極的な状態になると、人間に敵対する力をなくす」

つまり、幸福になるためには、心を楽しくしてあげればいいのです。

心が暗かったら窓を開けましょう。そうすればあなたの人生にも光がさしてきます。

Book Review

『研心抄』

中村天風著　天風会

『真人生の探究』『錬身抄』とともに「心身統一法」解説の三部作を成す本書。「心身統一法」における精神面について詳しく述べている。本書の冒頭で、天風哲学の重要命題「我とは何ぞや」がひも解かれる。天風がヒマラヤでの修行を通じて実感した「宇宙霊と自己はつながっている」という悟りを原点に、本当の自己＝自我の本質について論理的な解説が展開される。そのうえで天風は、心も身体も自己の本体ではなく、生きるために必要な“道具”であり、人間の心と身体に与えられた潜在的な力を100%発揮してこそ、充実した幸福な人生を獲得できると説くのである。しかし、道具であるはずの「心」を自由自在に使いこなすことは簡単なことではない。そこで天風は、人間の「心」の正体を深く分析し、いかに心を統御していくか、その傾向と対策を示してくれている。

天風哲学 3

「積極思考」を解剖する

自然と一体化する

自分は大自然の力そのものだ

修行で知り得た大自然の力

日露戦争から日本に帰った天風は、奔馬性肺結核にかかり、死の恐怖に対して弱くなっていく自分の心に苦しみました。

その弱くなった心を強くする方法を求めて、米国、欧州に渡航します。しかし、満足のいく答えを得られず、失意のうちに帰国しようとしている途中で、ヨーガの指導者カリアッパ師に出会います。

天風は、インドの山中でカリアッパ師の指導を受けながら修行を積みました。はじめは病状の変化に一喜一憂し、頭の中に雑念妄念が溢れ、いつになったら病が治るのかと、カリアッパ師に詰め寄ったこともありました。

しかし師の導きで、しだいに天風の心から雑念がなくなり、無心の心になっていきます。

こうして天風が悟りに至る経緯が、『図説 中村天風』（海鳥社）に描かれています。

「ごうごうと耳が割れんばかりの音を立てて流れる滝のそばや、時に密林の獣が出没する大自然の中で、天風はひたすら瞑想にふけった。ある日、流れる白い雲を見つめている自分が、何ものにもこだわっていない無心の瞬間にいることに気づいた。大自然と一体となって生きている自分の命を感じた時、自分はその大自然の力そのものだと力強く実感した」

不運は自らの心が作り出す

大自然と一体になっているという考え方は私たちに力強い勇気を与えてくれます。

たとえば病気になったり何かに失敗したりした人は、自分は運が悪いというふうに考えてしまいます。はたしてそうなのでしょうか。

天風は、そういう境遇はその人の心が作り出しているものだ

人の生命は常に見えざる宇宙霊の力に包まれている

と考えます。

天風は自らが悟りで得た知見を理論的に裏付けるため、医学の研究もしました。その際、心と体の関係について考えたとき、心と体は一つにして不可分であることに気づきます。心と体は神経系統を通じて影響し合っています。つまり心身相関ということ。そして肉体が心に及ぼす影響は相対的であるが、心が肉体に及ぼす影響は絶対的であるとのポイントを見出します。

したがって、心の中でネガティブなことばかり考えている人は、その状態が体にも表れてきます。

天風が結核にかかったときも、やはり病気のことばかり考えていました。それはカリアッパ師のもとで修行を始めたときも同様でした。

そこでカリアッパ師は、天風に対してある試みをします。天風の腕に刃物で傷を付け、同様に子犬の前足にも傷を付けました。天風は、不衛生な山の中で傷口からばい菌が入らないかということを心配して、傷口を常に水で洗ったりしていました。数日後、師に呼ばれた天風の傷は、まだ癒えていませんでした。ところが一緒に傷を付けられた子犬の前足は、すっかり傷が治っているのです。

傷口にばい菌が入らないか、そこから悪化するのではないかといったことばかり気にしていた天風に対し、子犬はただその傷を舐め、余計なことを考えずにじっとしていただけで、すぐに傷を治してしまいました。このことから、傷口と同様、自分の病気の回復を妨げているのは自分の心にほかならないと悟った天風は、以後、病気のことを考えないようにして修行に励みました。その結果、天風の病状はみるみるうちに回復していったのです。

天風はこうした経験から、自らを不幸にしているのは、自分自身の心の消極性にあるということに気づきます。

人生を泥塗るような汚い毒汁で汚さない

天風は、神が人間の心の中に「想像」という特別の作用を与えてくれていると言います。その想像の中を怒りや悲しみ、怖れ、憎しみ、妬み、さらに貪欲や、身のほどを忘れた不当、不正な希望というような、人生を泥塗るような汚い毒汁で汚してはならないと戒めます。そういう価値のない想像をたくましくしてしまうと、その想像と同じように自分の生命の全体に泥を塗ってしまうというのです。

　天風がここで言う神とは、宇宙の根本主体のことを指します。神という言葉は、宇宙の一切を作った不思議な力を形容するために、人間が尊敬と驚嘆の念から作った言葉だと言います。

　その神が人間の心の中に与えて下さった想像という作用でつまらないことを思い描いてしまうと、人生もつまらないものになってしまいます。

　そこで天風は次のように諭しています（『盛大な人生』、日本経営合理化協会より）。

「とにかく、心のなかを、麗しい花を咲かせる花園にするという最高な気持ち、きょうから以後なってごらん。そうするとね、商売だって、運命だって、健康だって、グングンよくなるとも、けっして悪くはならないのよ。よくなることを希望しなくっても、そう考えたときにもうすでに非常な幸福がくる、よくなったと同じぐらい」

人間の生命の中に宇宙霊の力が存在

　ただし、こうした想像も、享楽をほしいままにするような奔放的なものだけでなく、「人の世のために尽くそう」という立派なものが必要だと、天風は説きます。

「健康難に陥って、病をもってる人は、治った後の姿を心に描け。自分が今まで踏んできたのと同じ誤れる道を、もしも歩んでいる人があったらば、それは間違いだということを知らせてやれ。よき経験者として、そういう人をリードする模範的な人間になろうということを心に描け。

　運命の悪い人は、運命のよくなった状態を心に描きながら、自分が成功し、自分が本当に理想を貫徹したとき、必ずや人の世のためになることをするんだ、己れひとりがいいことをするためにするんじゃないんだと」

こうした心の持ちようや想像というものは、もともと人間に与えられたものです。

病気になった天風が病を押してアメリカに行こうと決意したきっかけは、米国の哲学者が書いた本の中にあった「潜在力」という言葉に惹かれたからでした。結果的にその哲学者に会っても、天風の満足のいくような答えは得られませんでしたが、その後の修行によって、その潜在力というものは人間の生命に本来的に与えられた自然からの恵みであり、尊厳を侵すべからざる宇宙の法則だということに気づきます。

「人の生命は　常に見えざる宇宙霊の力に包まれている
　したがって　宇宙霊のもつ万能の力もまた　わが生命のなかに当然存在しているのである
　ゆえに　いかなる場合にも　またいかなることにも恐れることなく　また失望する必要はない
　否　この真理と事実とを絶対に信じ　常に高潔なる理想を心に抱くことに努めよう
　さすれば　宇宙真理の当然の帰結として　必ずや完全なる人生が作為される
　今ここに　この天理を自覚した私は　何という恵まれた人間であろう
　否　真実　至高至福と言うべきである
　したがって　ただこのうえは無限の感謝をもってこの真理のなかに安住するのみである」

これは『盛大な人生』の中で引用された「理想の誦句《しょうく》」の言葉です。

つまり人間の生命の中には、等しく大自然たる宇宙霊の力が存在しており、それが完全なる人生をつくることを決めているのですから、本来は怖れることも、失望する必要もないのです。積極的な心の態度と行動でその本来の力を発揮することで、人は幸福になれる、と天風は説いているのです。

Book Review

『盛大な人生』

中村天風述
日本経営合理化協会

中村天風の波乱の半生から得た「人生成功の哲学」は、触れる人々をたちまち魅了し、皇族、政財界の重鎮をはじめ各界の頂点を極めた幾多の人々が「生涯の師」として心服した。本書は、その天風の哲学を紹介し、「天風ブーム」を巻き起こした前著『成功の実現』に続く天風成功哲学シリーズ第２弾。さらには、『心に成功の炎を』と合わせた天風３部作の中の１冊となっている。自分の描く夢や希望を実現し、経営者としての理想の人生と事業の成功を築くための「理想の摩訶力」、運命の支配法、天風式人生観、万能力を引き出す安定打坐法など、ごく一部の門人にのみ直伝した深遠な教えが明かされる。実際に、稲盛和夫（京セラ名誉会長）、素野福次郎（ＴＤＫ相談役）、山中鏆（東武百貨店社長）といった財界の大物も、事業の成功における天風哲学の影響力の大きさを語っている。

天風哲学 4

運命を打ち開く

天命は絶対で、宿命は相対的

価値のない迷信や古くさい運命論

人は病気になったり、事業に失敗したりするなど、何か悪いことがあると「これも運命だ」と思い込み、諦めてしまうことが往々にしてあります。

そしてそういった凶事（悪いこと）を取り除くために、厄払いや占い、風水などに頼ったり、迷信を信じたり、宗教に依存したりします。これは年配者に限った話ではなく、若い人にも言えることとです。

運命というものは、人間の力では抗えないものであり、何かにすがらなければ生きられない、という心持ちが、その背景にあるようです。

こうした風潮を天風は、厳しい言葉で戒めています。

「何かにすがって生きてかなきゃ生きられない、何かに救ってもらわなきゃ、張り合いのある生き方ができないというような、きわめて第二義的な卑屈な憐れな気持ちで人生に生きてる……そういう人間に限って、いつも価値のない迷信や、あるいは古くさい運命論に、少しも正しい理解も持たないで心酔して、ただもう人生をウロチョロウロチョロ、風の日の紙くずみたいにあっちへコロコロ、こっちへコロコロ、右往左往の状態で生きてるだろ。これじゃ万物の霊長たる人間に生まれた甲斐が少しもないと言っていい」（中村天風講演録　夏期修練会編『力の結晶』より）

さらに、「運命」という言葉の呪縛から抜けられない人々を、次のように喝破します。

「自分の思慮が足りないか、あるいは力が足らないかの理由で運命が開けないことを、いわゆるどうすることも出来ない運命だと決めてしまうのは軽率極まりない話である」（『運命を拓く』、講談社より）

つまり、万物の霊長である人

宿命というのは人間の力で打ち開いて行くことが出来るものである

間は、本来、運命を変えていけるものなのに、なぜそれをしないのかと、もどかしさを込めて訴えているのです。

変えられない運命　変えられる運命

「運命を変える」などということが、実際できるのかと疑問に思う人も多いと思います。

　確かに変えられない運命もあります。変えられない運命は「天命」、変えられる運命は「宿命」であり、その違いを天風は次のように説明しています。

「天命は絶対で、宿命は相対的なものである。もっと判りやすくいうなら、天命というものはどうすることも出来ない。（中略）しかし、宿命というのは、人間の力で打ち開いて行くことが出来るものである」（『運命を拓く』より）

　天風が「天命」と言っているのは、女が女に生まれ、男が男に生まれたことや、現代に生まれたこと、日本人として生まれたことなどです。これは天命なので、どうすることもできません。

　一方、「宿命」というのは、人間の力で打ち開いていけるものです。なかには、困難な出来事に直面した時、それを自分で勝手に「天命」だと思い込み、諦めてしまったり、お祓いや宗教などにすがったりして、他力本願で状況を変えようとする人もいます。

　しかし、「天命」だと思っていることが、実は「宿命」であり、自分の力で打ち開いていくことのできるものであるということが、往々にしてあります。

　そして、宿命を打ち開くカギとなるものは、やはり「積極的な心」です。他への依頼心ばかりが盛んで自主自律ということが疎かになると、苦境を打開する力は発揮されず、宿命に翻弄されてしまうのです。

　そのことを天風は、英国の

「Fancy may kill or cure.（人間の心の中の思惑は、人間を殺しもすれば救いもする）」という諺を使って説明しています。

「人間の心というものは、その思い方、考え方で人間の運命や健康、そのほか人生の一切をより良く建設する結果をつくってくれると同時に、その思い方、考え方によっては、人生を破壊する結果も生じてくる。これが『Fancy may kill or cure.』の言外の意味なんです」（『信念の奇跡』、日本経営合理化協会より）

天風は、宿命は打ち開いていける、つまりは「統制」できるものだ、と言います。その根拠となる考えは、人間は宇宙の根本主体がつくった世界の中で生きており、万物の霊長として生まれた人間は、世の中の進化と向上を実現するという使命と力をもっている、というものです。

宇宙の根本主体を、神とか造物主という言葉に置き換えても構いませんが、そうした崇高なものと人間の心は一体となっているため、その心の状態が、そのまま事象となって現れるのです。

これを天風は「因果律」と言っています。すなわち、消極的な思いや考えを心に思い描くと、宇宙の根本主体の全能の力が発動して、考えているとおりの状態に人生を導いてしまうのです。したがって、宿命統制のためには、消極的な考えを心から取り除くことが大切です。天風はこう言います。

「静かに、我が心に『憎しみはないか、怒りは、悲しみは、嫉みは、悶えは……』と問うてみよう。そして、少しでも消極的な気持ちが、心の中にあるならば、それは自分を宇宙霊の力から遠ざけて、くだらぬ宿命を招き寄せる種を蒔いているのと同様の人だ」（『運命を拓く』より）

さらに天風は、宿命統制のもう一つ重要な点として、「心の中に感謝と歓喜の感情を、もたせるよう心がけることである」と述べています。その背景には、先述の宇宙の根本主体と人間の関係があります。

「宇宙根本主体と結びつこうと思ったら、宇宙根本主体と同じ気持ち、心持でもって、人生に生きればいいんだよ。

安定打坐をして心の中の曇りがとれると、自然と誰に教わることもなく、宇宙の根本主体というものの心は真・善・美以外のなにものでもないということがわかるんです。

だから我々が、宇宙の根本主体と現実に結びついた尊い日々《にちにち》を生きていたかったら、平素どんなことがあっても、この真・善・美以外にふりむけないようにすればいいんです」（『信念の奇跡』）

天風は宇宙の根本主体を「宇宙霊」や「宇宙法則」とも表現しますが、この宇宙霊と結びついた人生を送れれば、自然と宿命も好転していきます。

「常に最高の運命を招くべく、いかなるときにも、すべてを感謝と歓喜に振りかえるよう、積極的な態度を、心に命じて活きるよう努力しよう。これが宇宙法則に柔順に従うことになり、またそうするなら、宇宙法則も当然、我々によき運命を与えてくれるに決まっている」（『運命を拓く』）

どんな時でも感謝と喜びの気持ちを持つのは、難しいことのように思われそうですが、その点は、天風が常に言っている「人生は心ひとつの置きどころ」で克服できます。

たとえば病を嘆くのではなく、病でもなお生を与えられていると考えれば、感謝の気持ちを持てます。満足に食べられなかった時代を思えば、質素な食事もご馳走になります。事業に失敗したときも、事業のやり方に問題があったことに気づくことができたので「ありがたい」と思うことができます。さらに生きていればまたやり直すこともできるので、これも感謝と喜びです。すべては「心ひとつの置きどころ」なのです。

そう考えると、「これが自分の運命なんだ」と消極的になってしまい、自分から人生を台無しにしてしまっていることが、いかにもったいないことかということがわかります。

最後に天風の次の言葉を贈ります。

「常にできるだけにこやかな人生に生きて、何ごとに対しても感謝を先にして、そして喜びの人生に生きなさい。そうすると、この世の中、変わっちまうんですよ」（『成功の実現』、日本経営合理化協会より）

Book Review

『成功の実現』

中村天風述
日本経営合理化協会

『盛大な人生』『心に成功の炎を』と合わせた天風成功哲学シリーズ３部作の第１弾。本書の発刊によって世に「天風ブーム」を巻き起こし、今も経営者をはじめ各界のリーダーから絶賛の声がやまない衝撃のロングセラー。東郷平八郎、原敬、北村西望、松下幸之助、宇野千代、双葉山、稲盛和夫、廣岡達朗など、なぜ各界の頂点を極めた人々が「生涯の師」として天風に心服したのか？　東郷平八郎元帥が「哲人」と称賛し、ロックフェラー３世が米国に招聘しようとしたのはなぜか？　それは、天風の波瀾万丈の半生から得た人生成功の哲学が、触れる者をたちどころに魅了するからだ。本書はこの中村天風の座談を収録したテープ71巻の発見を機に、その積極的な「人生成功の哲学」と魅力の全貌を、わかりやすくまとめたもので、必読の成功開眼の書とも言える。

まずは実行する

理解したことをただちに実行する

文字から得るだけで実行の伴わない理解

どんなにすばらしい教えや哲学も、それが実行に移されないことには意味がありません。

天風は心を強化するための実践理論である「積極精神作成の実際方法」を説明する際に、次のように述べています。

「こうした教義というものは、ただそれを理論的に理解したと

いうだけでは、到底その実際効果というものを如実に体得することは出来ないのはいうまでもないところで、要はその理解をひたすらに実践に移して営々躬行に専念する以外にないのであるから、何をおいても理解したことをただちに実行することである」(『真人生の探究』天風会)。

しかし、文字から得るだけで実行の伴わない理解や会得ということについて天風は、「ややもすると批判的気分が多分に発動する傾向があるので、そのため折角の理解や会得を行おうと

言うことは立派でも、行動が伴わないという諺や表現がたくさん存在します。それは、実際に識を得るだけではそこに批判的気分が加わって、実行しようとする気持ちすら削いでしまいがちだということです。

しかし天風は、難解な人生哲学を誰にでもわかりやすく説明することの困難さも理解していましたので、「積極精神作成の実際方法」についても、とにかくやってみなさい、という意味

しても、とかく真剣の意気込みを欠く懼れがあるので、一層の自己戒心を必要とする」と述べています。

要は、どんなにすばらしい教義であっても、書物などから知識を得るだけではそこに批判的気分が加わって、実行しようとする気持ちすら削いでしまいがちだということです。

世の中には「有口無行」「言うは易く行うは難し」「大言壮語」「口先三寸」などのように、

そういう人が実に多いという過去の経験から生み出された言葉でしょう。

大いに批判するもよし、疑うもよしであるから、希わくは先ず実行を何よりも先にされたい

合いで、「大いに批判するもよし、疑うもよしであるから、希わくは先ず実行を何よりも先に成するものではない。

その方法も極めてシンプルに、「結論的にいえば、積極精神＝心の強化ということを現実にする要訣は、行住坐臥の刹那刹那、その心の態度を、出来得る限り『明るく』『朗らかに』『活々とした勇ましさ』で人生に活きることである」とし、さらに次のような説明を加えています。

「然し、このことは、ただそう思った、悟ったというだけでは、決して徹底するものではない。単にそう思った、考えたというだけで、すぐ様心の態度がそうなり得るのなら、何の問題もないが、中々そうはうまく行くものではない。或は一時的にはそうなり得ることもあろうけれども、また何かと消極的の衝動や刺戟を心に受けると、いつの間にか元の黙阿弥に立ち返ることが多い。だからただそう思った、

考えたというだけでは、思わないし、いよいよいく分は良いというだけのことで、その目的は完全に達しでも、思った、考えたというだけでは目的を完全に達成することはできないと言うのです。

思わないよりは思うほうがましでも、思った、考えたというだけでは目的を完全に達成することはできないと言うのです。

「科学的」は絶対真理と言えるのか

では、なぜ多くの人は、考えるだけで、なかなか実行に移すことができないのでしょうか？

一つには、現代人、とくにその中でも科学を中心とした理知的な教育を受けた人は、常に「科学的」という言葉に重きを置いて、それが絶対真理のように思い込む傾向があるためです。それまでに受けた教育や教養が邪魔をして、頭で考えるだけでなかなか考えたことを行動に移せないのです。

たとえば天風は、「精神錬成の方法は、飽く迄精神中心主義

でないと、よくその目的を達成し得ない」と述べています。つまり、心のことは直接心そのものに対する方法をもってしなければならないということです。

しかし、「科学的」という言葉を絶対真理と考える人は、「心」とは大脳のことであり、大脳は肉体内に存在するものである。そのため、これを強化するにはまず肉体を本位として行うべきだ」という考えに至ります。

しかし、科学的な理論考証は、ただその説明態度が科学的だというだけで、それが果たして絶対的真理なのかということは未知数です。むしろ「科学的」という言葉に重きを置いて、それが絶対真理であるかのように思い込む状態を、天風は哲学者や生物学者の言葉を借りて「科学的迷妄」と表現しています。

「やらない理由」はいくらでもある

現代人がもう一つ、考えを実行に移せない原因を、天風は「不平不満」という点に見出しています。

「実際、現代の多くの人々は、不平不満という心もちを心の中にもたせるということが、すこぶる価値のない、卑しむべきものだということを正しく認識している人があまりにも少ない。

否、反対に不平不満というものは、人間に与えられた当然の権利のようにさえ思い込んでいる人が多いというのが、しばしば見聞される事実である」（『真理のひびき』講談社）

さらに、不平不満を述べる人は、世のため人のためになることを実行に移すことすらしないと言います。

「ところが、実際はたいていの人が、いろいろ難しい議論や、ややこしい理屈を口にする割に、この大切な人生理解がその理智の中に、何ごとぞといいたいくらい、判然としていないのである。

だから、どうすれば不平不満という、価値の向下《こうげ》的な心的状態を心に発生せしめないようにうまく意のままに防止することができるか、というような階級の高い貴重な人生理解などは微塵もない。

すなわち、まず人の世のためを本位とするという心もちで活きるという人生への活き方を、実行すべしであるということをまったく理解していないということである。そしてそれを現実にするのには、第一に権利の主張よりも義務の実行を先にすることを常にその心がけとし、そしてこの心がけを実行に移すのには、できうる限り不当の欲望や、身の程を顧みない要求を捨てるという、高貴の心を堅持するということが何よりの要訣だということを知らない」

これらの言葉は、普段の自分たちの日常生活を振り返っても思い当たることではないでしょうか。

やりたくない、やるのが面倒だ、という場面に出くわすと、人は言い訳をしたり、不平不満を言ったりして、やらない理由を探します。

松下幸之助は、天風の影響を受けた経営者の一人といわれていますが、次のような言葉を残しています。

「〝インテリの弱さ〟という言葉があるが、なまじっか知識があるために、それにとらわれ、それはできないとか、どう考えてもムリだと思い込んでしまって、なかなか実行に移さないという一面を言ったものだと思う」（松下幸之助オフィシャルウエブサイト）

また、プロスキーヤーの三浦雄一郎さんは、「やらない理由を探すのは簡単だ」と言って、さまざまな困難にチャレンジし、成功しました。37歳のときには、エベレストの8000メートル地点からパラシュートを背負って滑降し、ギネスブックに掲載されました。

その後、エベレストには登山でも挑戦し、3回も登頂を果たしました。3回目は実に80歳で、当時の世界最高年齢登頂者となっています。

第二次世界大戦時に英国の首相を務めたウインストン・チャーチルは次のように述べています。

「I never “worry” about action, but only about inaction.（私は行動することを決して恐れない。唯一恐れるのは、行動しないことだ。）」

私たちも、先達の言葉を真摯に受け止めて、今日から正しいことを「実行」できるように心に働きかけていきたいものです。

Book Review

**『真理のひびき
天風哲人 新箴言註釈』**

中村天風著　講談社

本書には、1回限りの人生を、生き甲斐のあるものにするための天風の言葉＝箴言が詰まっている。「健康や運命が意のままにならないときほど『心』を積極的にする」「自己の言行をできる限り人の世のためになることに重点を置く」「不平不満を口にしない」「気どったり、ぶったりしない」「どんな場合にも慌てない」「不幸に直面しても、現在生きていられることに感謝する」「腹を立てている人には決して過度の共鳴をしない」「自己自身を正しく向上させるために反省を行う」など。31の「箴言」には、天風自らの揮毫《きごう》と英文が添えられ、それぞれに箴言の解説がわかりやすく加えてある。今からでもすぐに実行したくなる言葉の数々。価値ある人生建設に必要とされる心得を集録した、天風哲人絶筆本。

天風哲学 6

年齢は関係ない

生きている限りは死んでない

歳をとっても新たな可能性に挑む

私たちはよく「もう年だから」「この年になって」と言って、年齢を理由に、新しいことにチャレンジしたり、自分の可能性を広げる可能性を自ら閉ざしてしまってはいないでしょうか？

年齢を経てからも活躍した人、現在も活躍している人はたくさんいます。

たとえば、江戸時代に日本で最初の実測地図である「大日本沿海輿地《よち》全図」を作った伊能忠《いのうただ》敬《たか》は、50歳で隠居した後、当時31歳だった徳川幕府天文方の高橋至時の弟子となり、天文学や数学、測量法などを学びました。そして56歳になってから蝦夷（現・北海道）へ向かい、「大日本沿海輿地全図」を作るための測量を始めています。

プロサッカーの三浦知良選手は、２０２３年7月現在で56歳ですが、ポルトガルの2部リーグで現役選手として活躍しています。三浦選手は、54歳のときにＪ１リーグでプレーした経験を持ち、Ｊリーグ史上最高齢で、かつ、世界最高齢での得点記録も持っています。

日清食品の創業者、安藤百福氏が日本で最初のインスタントラーメンを開発したのは40代後半でした。

ハーランド・デイヴィッド・サンダーズ（通称、カーネル・サンダース）が「ケンタッキー・フライドチキン」（ＫＦＣ）のフランチャイズ1号店を開業したときは還暦を過ぎていたといいます。

このように、年齢を経ても活躍できるのに、それをあえてしない人たちに対し、天風は講演の中で次のように述べています。

「一体、人々の多くが年齢というものを非常に重大に考えるのは、自己向上の意欲が消えてきた自分を、直接間接に感じた場合に、その心の中に知らずしら

明日死を迎えるとしても、今日から幸福になって遅くはないのであります

ず出てくる一つの愚痴みたいな気持ちなんだね。

『もう私もいくついくつだから』『余命いくばくもないから、今さら向上しても』なんて変な理屈をつけて、漫然とその日その日をさながら酔生夢死的に生きる。

これじゃ駄目だ。

生きている限りは死んでないんだから、死んではない限りは生きているんだから」（『力の結晶』、（中村天風講演録集「夏期修練会編」より）

年齢を理由に、自己向上の意欲が消えてきた人たちの言い分を、天風は「愚痴みたいな気持ち」と指摘しています。

「そうは言っても、歳をとったら肉体的にも精神的にも衰えてくるんだから、若い人のようにはできないだろう」と反論したくなる人は多いと思います。

しかし天風の「生きている限りは死んでないんだから、死んではない限りは生きているんだから」という言葉にあるように、生きている限り、その可能性を閉ざすのは早いのだと考えれば、希望の光も見えてきます。

「年寄りの冷や水」という言葉の問題点

年齢を理由に、やりたかったことをやらずに死んでしまうのは、実にもったいないことです。

幕末に高杉晋作、伊藤博文など数多くの志士を輩出した松下村塾を開いた吉田松陰も、次の言葉を残しています。

「悔いるよりも、今日直ちに決意して、仕事を始め技術をためすべきである。何も着手に年齢の早い晩《おそ》いは問題にならない」

（『講孟箚記《こうもうさっき》』より）

それでも、多くの人が年齢を経てから新しいことにチャレンジできずにいる背景には、一方で「年寄りの冷や水」のようなことわざがあるからでしょう。

このことわざは、お年寄りが若い人の真似をして冷えた水を

飲むとお腹をこわすことが多いことから、「歳もわきまえず若い人の真似をするとロクなことがない」ということのたとえです。「冷や水」は江戸から明治期にかけての嗜好品であった「砂糖水」の別称とも言われています。

また、「年寄りの冷や水」と似た言葉に「老いの木登り」や「年寄りの力自慢」などの言葉もあります。

つまり、歳をとってから新しいことにチャレンジできないのは、肉体的、精神的に無理だからということだけではなく、チャレンジして失敗したときに恥をかくとか、自分だけでなく家族などの親近者も後ろ指をさされる、といった不安要素が働くということもあるのです。

人間に年齢はない 時間は人間が作ったもの

もしそういった理由でチャレンジできないのだとしたら、年齢を考えないようにする、というのも一つの方法です。

フランクミュラーというスイスの高級時計がありますが、その創業者であるフランク・ミュラー氏が面白い言葉を残しています。

「人生に挑戦するのに年齢なんて関係ない。もともとこの世には時間などない。それは人間が勝手に作ったものだ。私は時計師だからそのことがよくわかる」

時計師であるミュラー氏が語る「時間は人間が勝手に作ったもの」という表現には、説得力があります。

実は天風も、「人間に年齢はない」という、次のような言葉を述べているのです。

「いいですか、私はね、人間に年齢はないと思っています。

年齢を考えるから年齢があるように思うけれども、六十、七十歳になろうと、自分が十七、八歳時代と考えてみて、違っているのは体だけ。そして、もう一つ違っているのは、心のなかの知識だけの話で、心そのものはちっとも変わっていないはずです。

ですから、四十や五十はもちろん、七十、八十になっても情熱を燃やさなきゃ。明日死を迎えるとしても、今日から幸福になって遅くないのであります」

（『君に成功を贈る』日本経営合理化協会）

60歳、70歳になっても、自分が17歳、18歳時代と考えてみたとき、確かに違っているのは身体だけで、知識はむしろ増えており、そして心は変わりません。

そう考えると、今の年齢で新しいことに挑むのに、何をためらう必要があるのだろうか、という勇気が湧いてきます。

さらに、「明日死を迎えると

しても、今日から幸福になって遅くはないのであります」という言葉にも説得力があります。人間の運命は誰にもわかりませんが、もし明日死んだらと考えると、やり残してこの世に悔いを残すような人生は送りたくないと、誰もが考えるでしょう。

年齢を超越し
現在の境遇も超越

こうした天風の言葉は、年齢を理由に自らの可能性の芽を摘んでしまっている多くの人たちに希望の光を与えてくれます。

最後に、これも天風が講演の中で述べている一説を紹介しましょう。

「だから、いくつになっても人間は自分の年齢なんかに構っていちゃ駄目だよ。

人生はその人がその現象界にいた年月の長さによるんじゃなくして、その人の生命に対する気分が、とても大きな関係があるんだから。

人間は年齢を超越して、それから現在の境遇を超越して、始終自己向上を志し、生命本来の面目である創造能力を活用しなきゃ駄目だよ。

そうすりゃ、いつも頑健矍鑠《がんけんかくしゃく》として、人並み以上の若さで、生命の年限を溌剌《はつらつ》颯爽として重ねていけるんだよ。

そして、そんな気持ちで生きていくと、自分でもおもしろいほど自己の向上というものが、別にたいした努力をしなくても、これはもうね、目覚ましい進歩を自分の生命の中に見出すぜ。

見出し得るほど、その人のしている行いも言葉も、世の中のためにどんなより良いことになっているかわからないという結果さえ来る。

（中略）

だから、人間は年じゃないということを忘れちゃいかんぞ」

（『力の結晶』中村天風講演録集「夏期修練会編」）

私たちも、「人間は年じゃない」という天風の言葉を胸に、充実した人生を送っていきたいものです。

Book Review

『君に成功を贈る』

中村天風述
日本経営合理化協会

人としての本当の生き方、他人への接し方など、中村天風が熱く、やさしく人生成功の秘訣を解き明かす。「他人に好かれる人になりなさい」「偶然の機会で聞かされたことが、自分の一生の大きな守りになることがあるんだぜ」「なんの努力も実行もせずにいて、自分の夢や希望が実現するんなら、人生なにも苦労しやしませんよ」「心の態度が積極的であれば、敵をも味方にせしめられるんだぜ」など、文体も天風の言葉そのままで、魂に直接に語りかけてくる感動の教え54項目。また、本書は若年層をはじめ幅広い世代の読者が読みやすいよう、多めのフリガナ、大きい活字で読みやすく構成してあるほか、読後も語録集として使えるよう、見出しの項目を大きく設定。各項目ごとに、区切りよく読める配慮が施されている。

消極的な言葉は出さない

人生は、言葉で哲学化され、科学化される

マイナスな思考は体内にも影響を及ぼす

天風は、言葉の力とその重要性を強調しています。とくに、過度に悲観したり心配したりという、消極的な思考や言葉をやめるよう説いています。

かつて天風が、ヒマラヤ山脈の麓の村でヨガの修行をしていたとき、師から次のようなことを言われました。

「今日は不愉快ですとか、頭が痛いとか、熱がありますとか、気分が良くない、とかいっているときには、愉快を感じないだろう。今日は嬉しいです、楽しいです、ありがたいです、という言葉をいったときには、なんともいえない快さを、その気持ちの上に感じるだろう」（『運命を拓く』、講談社より）

天風は修行を始めたばかりの頃、自分は病気なので、朝、師から「今日の調子はどうだ?」と聞かれても、正直に「今日は調子が良くない」とか「まあまあです」などと言ってしまいがちだったのです。そして、そういう消極的な言葉が、自分自身をますます消極的にしていることに気づかなかったのです。

消極的な心の状態が人生をみじめなものに

天風は、その講演録『積極性と人生』（公益財団法人天風会）の中で、次のように述べています。

「積極的であれば、人生はどんな場合にも、明朗颯爽たる、勢いの満ち満ちたものになりますけど、反対に消極的だと、その心の消極的な状態が人生の勢いをなくしてしまいます。そして人生を考える自分の心の状態が消極的だと、哀れ惨憺《さんたん》、光のない惨めなものに終わりはしませんか?」

つまりは、心の状態が積極的か消極的かによって、その人の人生の勢いが大きく違ってくる

この消極的感情の発作は、直接に生命維持に必要とする活力を夥（おびただ）しく減退するものである

というのです。

さらに天風は、そのような消極的な心の状態が、肉体生命にも影響を及ぼすとも言っています。

「心の態度というものが、ものの声に応じるように、それはもう、間髪を入れず、それはその生命にその影響関係を及ぼすという、動かすことのできない、恐るべき事実を考えてみますと、より一層、積極精神の重要だというのが、暮らして行けないというような、そんな馬鹿気たことが、苟（いやし）くも万有の根源である造物主に依（よ）って造られた秩序整然たるこの世界にあろう道理がない」

「感情の奴隷にならない」とは、感情に振り回されてはならないという意味です。

たとえば、感情のおもむくまま相手に怒りの言葉をぶつけたり、悲嘆に暮れて自分自身を卑下するような言葉を発する人は、すでに感情の奴隷になっています。そのように消極的な感情を言葉や行動で表現することは、

はありますし、時に消極的になってしまうのも、人間ですから当たり前です。そこで天風は、もしもそうしたマイナスの感情が浮かんだら、瞬時に心を切り替えるよう説いているのです。

さらに天風は、次のようにも述べています。

「神聖であるべき自己の心を、この種の消極的感情の奴隷に堕落させなければ、人生というものが暮らして行けないというような、そんな馬鹿気たことが、苟（いやし）くも万有の根源である造物主に依（よ）って造られた秩序整然たるこの世界にあろう道理がない」

感情の奴隷になるのは自分自身の侮辱

また、天風は「怒らず（怒勿）」「怖れず（怖勿）」「悲しまず（悲勿）」を「三勿（こつ）」として戒めています。

「この消極的感情の発作は、直接に生命維持に必要とする活力を夥（おびただ）しく減退するものである」

（『真人生の探究』）

もちろん、誰にでも喜怒哀楽

事態を解決しないどころか、ネガティブ思考がさらに強まり、状況を悪化させてしまいます。本来は神聖であるはずの自分の心を消極的な感情の奴隷に堕落させてしまうこと、それはとりも直さず、自分自身を侮辱していることにほかならないのです。

他人にかける言葉も積極的思考を意識

消極的な言葉は、他人から与えられた場合にも、自分に悪影響をもたらします。それは、親切心から他人の愚痴を聞いてあげるような場合も同様です。

そのことを、天風は次のように述べています。

「第三者の不健康や不運命に対して、同情はしなきゃいけません。けれど、ここに注意すべき大きな問題が一つあるのは、同情という事実を乗り越えて、相手と同様に、悩んだりあるいは悲しんだりしている人が往々あります。これはとんでもない誤りというよりも、むしろ滑稽ですよ。なぜ滑稽だというと、一人の人間の不健康、不運命で、二人の人間、あるいは三人の人間がそこに同じような哀れな状態をつくるという結果が来るからであります」（講演録『積極性と人生』より）

これは、積極的な心を作る積極観念の養成法の実践要項の一要素として天風が挙げている「対人精神態度」という心得です。同情は人間の美徳であるが、同情を通り越して、相手方の気持の中に引きずり込まれ、自分まで消極的な暗い気持になってはいけないと、天風は戒めています。

もちろん、天風は人に対して「同情するな」と言っているのではありません。むしろ、「不健康の人や薄幸の人々には、大いに同情すべきである」と述べています。ただし同情する場合には、「同時に真の同情の発露として、適当な鼓舞と奨励とをその人々の心に与えてやり、少しでも、その人々の心に積極的の暗示となるものを、心の糧として贈ってやることこそ、最も尊厳な人間的行為である」（『真人生の探究』）とも言っています。

自分で消極的な言葉を出さないことは大事ですが、消極的な

言葉を発する人に対しては、その人が少しでも積極的になれるよう、励まし、鼓舞してあげることが本当の親切と言えるのです。

言葉は人生を勝利に導く最良の武器

天風は人生における言葉の重要性を次のように熱弁します。

「真剣に考えよう！ 実際人間が日々便利に使っている言葉ほど、実在意識の態度を決定するうえに、直接に強烈な感化力をもつものはない。感化力というよりむしろ暗示力といおう。このことを完全に理解し、かつこれを応用して活きる人は、もはや立派に人生哲学の第一原則を会得した人だといえる。それは人生というものは、言葉で哲学化され、科学化されるからである。すなわち言葉は人生を左右する力があるからである。この自覚こそ、人生を勝利に導く最良の武器である。われらはこの尊い人生の武器を巧みに運用し応用して、自己の運命や健康を守る戦いに颯爽として、輝かしい希望に満ちた旗を翻《ひるがえ》しつつ、勇敢に人生の難路を押し進んで行かねばならない」（『運命を拓く』講談社）

言葉のもつ暗示力という指摘は、現代のネット社会に生きる私たちにとって、まさに必要とされる忠告ではないでしょうか。

ネットやSNSには過激な発言やネガティブな言葉が溢れています。そのような消極的な言葉が暗示となって、私たちの心を不安にし、疲弊させます。天風の言葉にある「自己の運命や健康を守る戦い」、その真っただ中に私たちは生きているということを自覚しなければならないでしょう。

ネガティブな言葉が溢れる世界にあって、少なくとも自分自身が発する言葉は積極的なものだけであるように注意して、その積極的な言葉の力で、自分の心だけではなく、周囲の人々の心が明るく、前向きになるように努力していきたいものです。

CD Review

CD『積極性と人生』

中村天風述
天風会

中村天風が、人生を考える際の礎としている「積極精神を創り上げるにはどうしたらよいか」ということの、現実手段を説いた、中村天風肉声による講演録。健康も、長寿も、運命も、成功も、人生の一切合財は、すべて積極精神というもので決定される。人の話を聴いてわかるのも心なら、わかったことを自分の人生に正しく応用するかしないかを決めているのも心である。心の態度が積極的であれば人生全体が積極的に運営される。反対に消極的だと生命の力が消極的に萎縮させられてしまう。今、人生に悩んでいる人たちの心に、天風の肉声が大いなる説得力をもって迫り、聴き終わった後はもはや自分にできないはずはないという気持ちになる。収録時間 54 分。

真の幸福

真の人生幸福は誠心誠意から生まれる

「幸福」についてのさまざまな解釈

幸福になりたい——人間なら誰もが等しく願うことです。

では、「幸福」とは一体何なのでしょうか。「幸福」というものの意味を考えず、ただ漠然と幸福になりたいと思っている人が少なくないのではないでしょうか。

幸福ということについて古来、さまざまな哲学者思想家なども、いろいろな言葉でその概念を表しています。

そのいくつかを紹介すると次のようなものです。

『徳』をまず身につけて、それを発揮してすぐれた活動をしてゆくことが幸福である」(アリストテレス/古代ギリシャの哲学者)

「幸福とは、自然がわたしたちに与えた純粋に必要なものをみんなが欠いていないことなのだ」(モンテーニュ/フランスの哲学者)

「幸福の扉が一つ閉じると、別の扉が開く。けれど私たちは閉じた扉のほうばかりに目を奪われて、こちらに向かって開かれた扉に気付かないことがある」(ヘレン・ケラー/米国の社会福祉活動家)

「他人の幸福を願えば願うほど、自分の生活もより素晴らしくなるということを知りました」(ダライ・ラマ14世/チベットの法王)

「一生の間に一人の人間でも幸福にすることが出来れば自分の幸福なのだ」(作家/川端康成)

「世界がぜんたい幸福にならないうちは個人の幸福はあり得ない」(詩人/宮沢賢治)

さすがに偉人たちの言葉には、そのひとつひとつに説得力があります。

このように幸福についてはいろいろな解釈があるわけですが、それを実際に行い、実現させなければ、真に幸福になったとは

人の世のために竭《つく》すというのは、私心なく誠心誠意人々の協同幸福のために努力することである

言えません。

「幸福」の前に「不幸せ」の課題

一般的な幸福の概念というのは、たとえば「毎日体の調子が良い」とか、「家庭や職場での人間関係が良くなった」、「今まで悩んでいた病気が克服できた」、「くよくよしなくなった」「毎日生きていることが楽しい」といったもので、そういうときに幸福を感じます。

そしてその幸せな状態になる前には、反対の不幸せな状態があります。

つまらないことでくよくよしたり、家庭や職場などで人間関係がうまくいっていなかったり、仕事や家事や子育てに追われて毎日が大変で忙しくて疲れてしまう、些細なことでイライラしてしまう、病気に悩まされている、さらには、「目標を達成したい」といった課題が存在します。そしてその課題を克服したときに、幸福な状態が訪れるとも言えます。

中村天風はこの幸福を実現するための方法として「心身統一法」を創案しました。

心身統一法は、天風哲学と呼ばれる宇宙観、生命観、人生観をバックグラウンドにして組み立てられたもので、誰もが持っている「いのちの力」を充分に発揮するための、オリジナルの理論と実践法です。心の態度を積極的にし、体の状態を健全に保つことで、健康で幸福な人生を堂々と歩むことができます。

心身統一法の一例としては、次のようなものがあります。あくまでも、ごく一例です。

【観念要素の更改法】自己暗示法を用いて、潜在意識の中に溜まった消極的な思いを積極的なものに置き換える方法

【積極観念の養成法】日常生活の中で、心を積極的にする留意点とその訓練法

【神経反射の調節法（クンバハ

カ)】特殊な体勢をとり神経系統を安定化させることで、ストレスを緩和して活力の散逸を防ぐ方法
【安定打坐法《あんじょうだざほう》】ブザーや鐘の音を利用して「無念無想」の境地を味わう、天風オリジナルの坐禅法

先にも紹介したように、昔から学者、識者、宗教家による幸福論は多数ありますが、そのすべてが「How to say」という理想論に終始し、具体的な実践論である「How to do」が示されたことはほとんどありませんでした。

そこで天風は、生まれながら誰にでも与えられている〝いのちの力〟を引き出す心身統一法の実践を通して、幸福を具現化する方法を紹介しているのです。

「誰もが幸福についてしゃべる。しかしそれを知っている人はほとんどいない。」というのは、フランス革命指導者マダム・ジャンヌ・ローランの言葉ですが、実践を通じて真の幸福を知るという試みに挑んだのが天風であるとも言えます。

幸福は苦悩の中にある

天風も「幸福」ということについて、さまざまな表現で言及しています。

ある講演の中では「幸福は苦悩の中にある」ということを述べています。

「かりそめにも真理に順応して完全な人生に生きようとする我々は、どんな場合にもですよ、人生の幸福というものを安易な世界に求めてはいけないということ。言い換えれば、無事平穏を幸福の目標としないこと。

だからしたがって、苦悩を嫌い、それから逃れたところに幸福があると思っては断然いけない。というのは、そういうところに本当の幸福というものは絶対ないからなの。

それを、ややもするとそう考えないで、『健康なら幸福だろう』とか『運命がよきゃ幸福だろう』と、こういうふうに考えるのは、いわゆる小成に安んじようとする凡人の気持ちと言うべきなんだ。したがって、我々天風会員の断じてこれは取るべきところじゃないのです。なぜと言うと、本当の幸福というものは、健康や運命の中にある苦悩というものを乗り越えて、それを突き抜けたところにあるんだ。」

幸福は安易には得られない。本当の幸福は苦悩を乗り越えたところにある、と説いているのです。

そして、その苦悩を克服する具体的な方法として、先に紹介した「心身統一法」を世に示し

ています。

私心なく誠心誠意
人々の協同幸福のために

さらに天風は、「真の幸福」ということについて、次のようにも述べています（『叡智のひびき』講談社より）。

「厳格な意味から論断すれば、真の人生幸福というものは、自己を本位とするという相対的意識の中から生ずるものではなく、恒に、誠心誠意（本心良心）という調和享容の絶対的意識の中からのみ生じる。

だからもっとわかりやすくいうならば、お互い人間の心が、自分以外の他の人々の幸福を望む気持ちで、一つに結ばれない限り、広い意味における、人々の共同幸福は望んでも事実化されないのである。

したがって、人間の住みよい明るい世界というものも、そうした気持ちの人間が殖《ふ》えない限りは、とうてい顕現しないといえる。（中略）

こいねがわくは、ますます真理の実践躬行《きゅうこう》に精進されて、自己本位の心を克服されて、人類世界の共同幸福の建設者として、また明るい世界を作為する先駆者としての「実《じつ》」を挙げられんことを、衷心《ちゅうしん》より熱願する次第である」（注：享容＝受け入れること。躬行＝自ら行うこと。衷心＝心の底）

つまり真の幸福というものは、自分本位でなく、それぞれが自分以外の他人の幸福を望む気持ち、それが１つに結ばれない限りは、世界人類の共同幸福は生まれないということです。

『叡智のひびき』の中では、この解説文の元になる天風の「箴言」を紹介しています。

「人の世のために竭《つく》すというのは、私心なく誠心誠意人々の協同幸福のために努力することである」

私たちも、自らの幸福を望むだけでなく、他者の幸福も望む気持ちを持って、真の幸福というものを追求していきたいものです。

Book Review

**『叡智のひびき
天風哲人 箴言註釈』**

中村天風著　講談社

たとえ病に侵されようとも、あるいは運命に悩まされようとも、安らかに超然としていられることが、天風自身の経験から培われた、天風哲学の理想とする「積極心」である。そのほか、「何事を為すにも報償を超越して」「正しい思いやり」「不平不満を感じたときの対処」「自己を厳格に批判すべきこと」「人生のいっさいを感謝、感激に置き換えること」「他人の言行を常に心の鏡とする」「人生への態度の積極化」「心を消極的に絶対しないこと」「人の世のために尽くすこと」など、人生を正しく大切に生きるための、中村天風の信念から迸り出た言葉を収めた指南書。天風直筆の「箴言」と、その解説で本書は構成されている。かつて絶版になった良書が、文庫版になって復刻。天風の珠玉の箴言の数々を集約した、心身統一法の実践を志す人は必読の一冊である。

事業の成功と労働の哲学

働くということは人間の生まれつきの役目

事業家としても成功を収めた天風

中村天風はインドでカリアッパ師の指導のもと、ヨーガの修行を積み、悟りを開いて帰国します。

帰国した天風は、一時、時事新報社に勤めました。時事新報は福沢諭吉が創刊した日刊新聞で、経済記事に特徴がありました。

その後、友人知人から頼まれて、東京実業貯蔵銀行の頭取や、伊豆電灯株式会社の取締役社長にも就任。その他いくつかの会社の経営にも携わるようになりました。

いずれも事業は順調に展開し、天風は大きな財を築きました。

このように天風は、実業家としても大きな成功を収めています。その経験があるため天風が語る仕事や事業についての言葉には説得力があります。

人は何のために働くのか

「働く」ということについて、私たちはどのような目的でそれを行っているのでしょうか。

生活のため、食べるため、あるいは家族を養うため、老後の不安を解消するためといった理由で働いている人が少なくないのではないでしょうか。

しかし天風はそうした心持ちで仕事をすることを戒めます。なぜなら天風による「働くこと」の概念は、「何々のため」という目的のために行うことではないからです。目的という部分を天風は「当て目」と表現しています。

天風によれば、働くということは「人間の生まれつきの役目」なのです。そしてその役目は人によってそれぞれ違います。このことを天風はその著書『錬身抄』巻末に所収されている付録「働きの人生哲学」の中で、次のような例を挙げて説明してい

働くということは、
各人に与えられた
役目であり、それが
自然の真理であれば、
それに準じて仕事を
行わなければならない
ということです

働くことは
与えられた「役目」

しかし、現実には、そのよう

ます。

「況んや此世にありとあらゆるものは、皆その生れ付が相違して居る。というのは何れも其発生の目的が異なって居るからである。従って此世に生存する際の『役目』も各々相異なって居る。現に西哲ベーコンも『森羅万象は皆一々目的あっての存在なり』と、又医聖ペッテンコーフェルも『生物の生命を脅かすバイキンと雖も、厳格にいえば、立派に目的を有って発生したものである。而して其目的はといえば、広義に於ける適者生存と新陳代謝の現実化である』というて居る」

つまり、働くということは、各人に与えられた役目であり、それが自然の真理であれば、それに準じて仕事を行わなければならないということです。

れに準じて仕事を行わなければならないということです。

「ところが世の中には、此事柄を正しく自覚して居ない人が相当多いかの様に考えられる、そして嫌々乍ら食わんがために余儀なく働くという働き方で、人生をあたら夢を逐いつつ、二度生れ出でる事の出来ない、貴重な此世を去る人が勘なくない様である」

「働くという事が人間の本来＝生れ付の役目だという事に正しき自覚を有して居ないと知らず知らずに、其本来に順応せず、其結果働くことは働いても、其働きがともすれば第二義に堕して無意義に終るべく余儀なくされる」

つまり多くの人々は、働くという「役目」を自覚せずに、その大事な役目を第二義的に考えているということです。

な役目を認識せず、日々の糧や老後の不安解消のために働いている人が多いのではないでしょうか。天風も次のように指摘しています。

なかには仕事自体を忌避して、富や地位というものに憧れ、そこに安住して、働くことから逃れたいと考えている人もいます。

　天風はそのような考え方にも訓戒を示しています。

「金持が果たして幸福に活きて居るか、地位のある人が常に恵まれた幸いに活きて居るかということを観察して見るが一番よい。否彼等は一様にというてよい程、人知れぬ苦悩を健康や事業や又は家庭に対して有《も》って居る。」（『錬身抄』）

　実際に富や地位のある人たちが幸せなのかどうか、天風はその著『成功の実現』などでも度々言及しています。

　たとえばアメリカを代表する富豪ロックフェラー3世と会食をした際には、ロックフェラーは使い切れないほどのお金があるにもかかわらず、常に健康などに不安を抱いているということでした。

　またロックフェラーの前のアメリカの大富豪と言えばアンドリュー・カーネギーですが、カーネギーは胃癌になってその病を治療できる医者に大金を支払うという広告を世界中に打たせたにもかかわらず、治療できる医者は現れず、亡くなりました。

富や地位があっても、必ずしも幸せではないということの証左です。

　また「働き方を第二義的に考える」ということは、わかりやすく言えば「何のため」「かんのため」という「当て目」を持って働くという働き方のことだと説明します。

「詳しくいえば、やれ出世のためとか、家族のためとか、自己のためとか、特に極端な人になると、老後安楽にならんがためとか、もっとひどいのになると、食わんがために働くんだという人すらある。敢て贅言《ぜいげん》するまでもなく、食わんがために働くというのは、何の事はない『食わんがために活きて居る』というのと同様である。およそ食うという事は活きんがために為す人生行事なので、食うために活きて居るのではない。『働く』ということも又然りで、即ち食うために働くのではなく、働かんがために食うというのが、絶対の真理である」

　天風の言う「当て目」を目的として働く場合、その「当て目」が外れると、必ず失望し、失望すれば当然の結果として、その働きなるものがどうしてもムラになるということを天風は指摘しています。

　たとえば天風が例として挙げているのは、人一倍一生懸命働いた人がいたとした場合、ほかの人が昇給したのにその人が昇給しなかったら、その人はヤケになって以前のように働かなくなるでしょう。それは天風によれば、「当て目」の外れた失望からくる消極的感情の発作で、働きに対する観念が低下するからです。

　また、こうした気持ちになってしまうのは、かなりの修養ができている人ならともかく、普通の人では「逃れ得ぬもの」であるとも述べています。

　本来、働くことが人に与えられた役目なのであれば、「人間の本来＝生まれつきの役目と信念して働くという絶対観念で働くことが必要だ」と天風は述べます。

　つまり自分の人生を完全に生かすために、与えられている「役目」に対し、誠心誠意取り組むことによって、自分の可能性も広がっていくということを諭しているのです。

自己の利益ではなく世のために事業も行う

天風は事業家として、次のようなことも述べています。

「私が事業家にいいたいのは、ここだ。自分の欲望のみでもって、しようとしたことは、そうめったに成功するものではない。事業に成功するのは、自分が欲望から離れて、何かを考えたときに、また、その考えたことを実行したときに成功するのだ。同じ事業家でも、欲の固まりでやる者と、『この仕事で、世の中の人のために、本当に役立つものを提供しよう』という気持ちでやるのとでは、その結果が全然違うのである」（『運命を拓く』講談社）

　自己の利益のみ追求して行う事業では成功しない、世の中のために役に立ちたいという志をもって事業に当たる重要性を論しています。

　天風が数多くの財界人やビジネスマンの支持を集めている背景には、こうした仕事や事業に対する真摯な姿勢があるからではないでしょうか。

Book Review

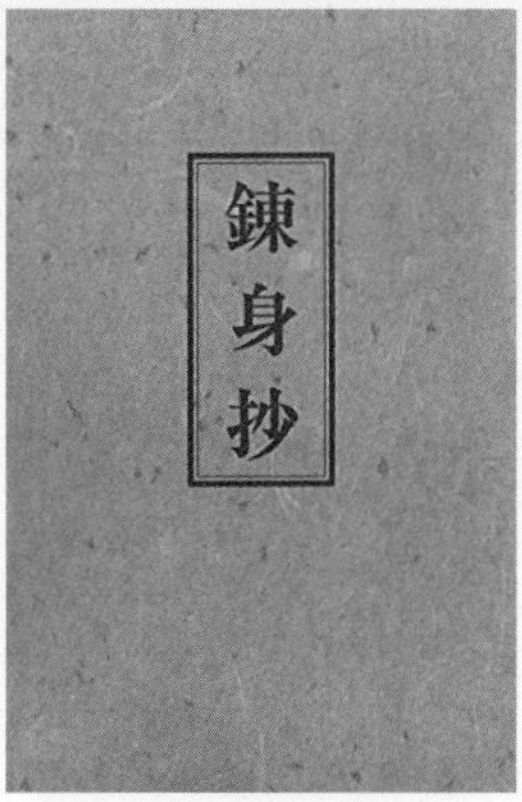

『錬身抄』

中村天風著　天風会

　中村天風の「心身統一法」は、心と身体の両面から人間の真の幸福を実現する方法を教示するものだ。身体は心と連動して人間の命を活かしている。本書は人間が自分の身体をどのように考え、どのように扱うことが正しいかを解説し、天風式呼吸法や体に関する日常生活上の諸注意、そして食に至るまで、人間を身体の面から積極化する具体的方法を教えている。内容は「真健康確立の可能性」「真健康と空気」「睡眠に関して」「運動に関して」「若返りの要訣」など。『真人生の探究』、『研心抄』とともに「心身統一法」解説の三部作を成している。

天風哲学 10
「積極思考」を解剖する

「大定心」で生きる

どのようなときでも動揺しない心

定心を養うために修行を行う

「大定心《だいじょうしん》」という言葉は、辞書で調べてもなかなか出てきません。しかし「大」を取った「定心」という言葉なら簡単に見つかります。

「①仏語。乱れる心を遠ざけて、禅を修めること。心を静め、思いをこらすこと。

②平生のときのような動揺しない心。また、そういう心を持っているさま。」(『精選版 日本国語大辞典』、小学館)

「定心」とは、どのようなときでも動揺しない心や、そういう心を持った状態のことを言うようです。

しかし、誰にでも経験があると思いますが どんな状況でも動揺せず、平常心でいられるということは、そう簡単ではありません。病気になったとき、天災や事故に遭ったとき、あるいは仕事でミスをしたときなどに、「定心」を保っていられる人は、数少ないと思います。

この「定心」を養うために禅の修行などを行うため、仏教用語にもなっているようです。

天風はこの定心に「大」という字を付け、「大定心」として次のように説明しています。

「『大定心』というのは、どんなとき、どんなことにもいささかも動揺せぬ心、いいかえると、いかなる場合にも、怯《お》じず、怖れず、急がず、焦らず、いつも淡々として極めて落ち着いている心である。

これをもっと適切な状態でいえば『何事もないときの心と同様の心の状態』である。あの古い句で有名な『湯上がりの気持ちを欲しや常日頃』というのが、この心持ちを最も真実に形容表現している。

要するに、何事もないときの平静の心こそ、大定の心なりということである」(『真理のひびき』講談社)

何事もないときの平静の心こそ、大定の心なり

会社の倒産は経済環境のせいではない？

実は、この「大定心」という言葉は、天風の次の箴言の説明の中に出てくる言葉なのです。

「人生に最も注意すべき事は得意の時は　一しほ心の備へを緩めぬよう心かけることである」

これは、得意になって有頂天でいるとき、人は心の備えを緩めがちになるということを戒めた言葉です。

そして心の備えを緩めると、それが原因となってその人の運命や健康に「軽視できない破綻を引き起こす」ことが多いと指摘しています。

一例として天風が挙げているのが、成功した企業家が、突如として会社を倒産させてしまう例です。

「近頃の事業界にみられる現象の一つとして、昨日までさながら旭日昇天《きょくじつしょうてん》のごとき勢いを見せていた企業家が、突如として急転直下的に倒産するケースがかなり多いという事実について考えてみるのがよい」（同前）

この場合、倒産の原因について経済評論家などは、経済環境の急激な変化や、経営者の経営方針、会社の機構に問題があったのではないかと推論します。そしてそれを改善することで倒産を防ごうと考えます。

しかし天風によれば、こうした推論は必ずしも妥当ではありません。現にその当時、評論家がいかに対策を提案しても、倒産は後を絶ちませんでした。

それは政治家がいかに政策を改善し、社会機構や設備を考慮工夫しても、一向に暮らしよい明朗な世の中が現れないのと一緒だと天風は言います。

そして、「世の中は各人各様異なる心をもつ人の世界である以上、理論一辺ではとうてい解決するものでないからである」とも指摘します。

天風によれば、企業が次々に倒産するそもそもの主因は、「経営者およびその従業者の心に肝心な備えというものが欠如しているから」なのです。

得意感＝安心感は、心に「隙」を生じさせる

天風は、心の備えを緩めることを、武道の「残心《ざんしん》」という言葉を使って戒めています。「残心」というのは、闘いを終えたときの心構えです。

たとえば剣道であれば、面、胴、小手などの攻撃を打ち込んだ後、その勢いで相手の後ろにすり抜けますが、その後、すぐに振り返り、相手の反撃に備えます。実際に自分の攻撃が有効であった場合でも、この「残心」は必ず行います。

これは合気道の場合も同様です。相手を投げて床に倒した後でも、相手の反撃に備え、備えを緩めることなく、相手に集中します。

これは、武道が戦場での実戦の訓練になっていることとも関連します。戦場で相手を倒したと思っても、致命傷に至らず、また息を吹き返して反撃してくることがあります。場合によっては、死んだふりをして相手を油断させ、後ろから斬りかかってくることもあるでしょう。

「勝った！」という得意感＝安心感は、人の心に「隙」を生じさせます。これは武道を行う上でいちばん気をつけなければならないことです。

天風は、「隙」のことを心理学的に言うと「放心から生ずる有意《ゆうい》注意力の欠如」であり、この心理現象が精神生命の中に発生すると、変化に対応する心の自在性が委縮されると言います。

事前事後いかなる場合も隙を作らない

武術の「残心」と、「大定心」すなわち「何事もないときの心と同様の心の状態」は関係ないように思われるかもしれませんが、実は深い関係があります。

天風は『真理のひびき』の中で、「残心」について次のように説明しています。

「『残心』というのは、事前事後いかなる場合にも隙を作らぬよう心に備えを持てということなので、いいかえると、古諺《こげん》（昔のことわざ）の訓《おし》える『終わりを慎むこと始めのごとくあれ』というのと同様のことなのである。」

「わかりやすくいえば、闘う前の心構えと、闘う最中の心構えと、闘い終わったときの心構えに、いささかの差別もあってはならないという戒めなのである。」

つまり、事後だけではなく、何かを始めるとき、行っている途中、そして終わったとき、すべて心の在り方を同じ状態にしなければいけないということです。

そして天風は、「残心」という心構えは、すべての人間生活に共通して必要とする心の備え方だと説きます。

「大定心」と「残心」の関係はこの点にあります。すなわち、「終始一貫同一不変の平静の心、古語にいう『一以貫之《いちいかんし》』（一つの心でこれを貫け）というのと同様の心構えである。」ということです。

「安定打坐法」で精神の統一

このように、「大定心」とい

う状態が武術の「残心」にも通じるように、常に変わらぬ平静の心構えであることはわかりました。

しかし実際は、「そうは言っても、どんな状況でも平静でいられるのは難しい」「なかなか雑念を取り払うことができない」と言うのが正直なところだと思います。

あるいは、「天風師は、ヨガの修行を経てそういう境地に至ったが、我々にはできない」と思う人もいるでしょう。

そこで天風は、誰でも妄雑念を容易に取り払うことができる方法として、天風式坐禅法とも言われる「安定打坐法《あんじょうだざほう》」を考案しました。

その方法は、ブザーを十数秒鳴らして音に集中させ、突然ブザーを切るというものです。音の途絶えた刹那《せつな》、心にも瞬間の静寂が訪れます。これが雑念のない心の状態です。

このブザー方式をはじめとして、こうした精神の統一法を、天風はその著書、『安定打坐考抄』（天風会）の中で示しています。

「予はこの密法を『心に与える瞬間活法』と云うて居る……とにかく迷執煩悩に対する根本的の解脱法なりと、云い得る方法なのである。

これがある故に苟《いやしく》も、精神に不安定の点ありと思う人、又は肉体に病を持つ人。否何人と云わず一度この方法を体得徹底すれば……

悠々喜楽、そも人世苦どこにありやと云う盤石不動の大定の人となり得るのも又必定である」

何かがうまくいって有頂天になっている時は心に隙ができ、また逆に、失意の時には落ち込んでしまうこともあるかもしれません。この時大切なことは、心に波風を立てることなく、事前も事後も同じ心持ち＝「残心」でいることです。

なかなか心の雑念を取り払えないという人は、天風メソッドを実践して精神の統一を図ってみてはいかがでしょうか。

Book Review

『安定打坐考抄』

中村天風著　天風会

天風式坐禅法とも呼ばれる安定打坐法は、人間の心を迷わす妄雑念を払拭し、人間の心の最強の状態である「無我無念」の境地に入る方法だ。天風会が毎年行う夏期修練会などでその具体的方法を教えているが、本書では「安定打坐」の意味や目的について詳しく述べ、とかく抽象的に捉えられがちな「無心」という概念を理論的にわかりやすく解説している。構成は二章立て（「第一章　安定打坐考抄」「第二章　無我一念法要義」）となっている。文語体で書かれているため、一見わかりにくいと考える読者もいるかもしれないが、内容は項目別に区切ってあり、それほど難解な表現は用いられていない。「大定心」の心構えについて理解を深めることもできる。

誠心誠意

本心、良心の咎《とが》めを受けない

炭鉱労働者の暴動を鎮めに

中村天風は、インドでヨガの修行を終えて帰国した後、友人知人に頼まれて、さまざまな会社の経営に携わります。折しも1914（大正3）年に始まった第一次世界大戦により欧州方面での物資の需要が高まり、日本は好景気に恵まれます。

1918（大正8）年、物価の上昇に伴う米価の暴騰をきっかけに各地で米騒動が起き、炭鉱では賃上げ要求を巡って労働者の暴動が起きました。

このとき天風は頭山満の依頼で、福島県の炭鉱労働者の暴動を鎮めに行きます。

炭鉱は鉄橋の向こうにありました。労働者たちは鉄砲を構えて威嚇しています。天風は、危ないからやめろという警官の静止も聞かず、鉄橋を渡り始めます。

労働者たちが、天風に向かって銃を発射しますが、弾は一発も天風に命中しませんでした。

鉄橋を渡った天風に、今度は労働者の一人が短刀で突きかかってきました。天風はその短刀の刃を素手で握って止めます。

天風のあまりの豪胆ぶりに恐れ入った労働者たちは、抵抗するのを諦めて、天風を暴動のリーダーに引き合わせました。

結局、天風は労働者たちを説得してこの暴動を鎮めるのでした。

本心、良心からの発動ゆえに平然たる態度で

このとき天風は、鉄砲の弾をも恐れない大胆な行動をなぜとれたのでしょうか？

後に天風はこのように語っています（『信念の奇跡』日本経営合理化協会より）

「私が炭鉱につながる鉄橋に片足を踏みかけると、向こうからパンパンパンパンと鉄砲を撃ってきたんだよ。

要は、本心、良心の咎《とが》めないことを標準として行動すればいいんです

私は喧嘩しに行ったんじゃない。功名を立てようっていうんでもなければ、仲裁して、いくらか金をもらおうっていうんでもない。気の毒な人たちを真心《まごころ》で救いに行こうという気持ちだったんだ。

あとになって考えると、それが私の本心、良心からの発動だったから、自分でも不思議なくらい平然たる態度で終始行動できたんです。

（中略）

怖ろしくなかった。死ぬことを考えていないんだから、怖ろしくもなんともないんです。

私はこの体が私だとは思ってないからね。『弾が当たったところで体じゃないか。俺の正体には当たらないんだ。なんだ、馬鹿ばかしい』と思って、ちっともおっかなくなかったんだよ。

要は、本心、良心の咎《とが》めないことを標準として行動すればいいんです。これさえできれば、人生にはなんにも怖れることはない」

いかにも天風らしい発言と言えるでしょう。本心、良心の話もさることながら、弾が当たっても体に当たるだけで、「俺の正体には当たらない」という件《くだり》は、自分が宇宙の力そのものであり、体はその道具にすぎないという、天風の思想の表れです。

ちなみにこのとき、天風がなぜ短刀を素手で握ってもけがをしなかったのかというと、天風は刃物の構造を熟知していたからです。

天風は、随変流抜刀術の達人であったので、日本刀をはじめとする日本の刃物は、「刃を引いて切る」ものであり、「押しても切れない」ということを知っていたのです。

我を無くしてベストを尽くす

しかし私たちは、果たして「本心、良心の咎めを受けない」毎日を送っているでしょうか？

それを知るのは簡単です。たとえば、人に嘘をついたり、悪いことをしたりすれば、誰もが後ろめたい気になります。それが本心、良心の咎めを受けているということです。

本心、良心の咎めを受けないということは、天風によれば、「現在ただ今、いい気持ちがあるかどうか」です。そして、そのいい気持ちでベストを尽くすことを、天風は「がむしゃら」と言っています。

がむしゃらは「我武者羅」とも書きますが、「がむ」の部分は「我無」の意味でもあります。天風は、感情や感覚が「我」であり、それを「無」くすという意味だと説明しています。

本当の自分は何が良いか悪いかを知っているものですが、「我」がそれを抑制してしまっているのです。そこで、我執を離れ、人間が本来の姿に立ち返れば、自然と本心、良心も表に現れてくるということです。そのため天風は、たとえば机の上を片付けるような簡単な作業であっても、気なしで行わずにベストを尽くす、すなわち「がむしゃら」に行うよう勧めています。

確かに机の上の片付けでも部屋の掃除でも、徹底的にやってチリ一つない状態にしたほうが気持ちがいいものです。

逆に適当に掃除をしてホコリや物が残っていると、心も晴れ晴れしたいい気持ちにはなりません。「小事でも軽んじちゃいけない」という天風の言葉の意味は、日常生活の中でも感じ取ることができます。

人生の幸福は誠心誠意から生まれる

本心、良心で人と接することは、自分ばかりでなく他人の人生をも豊かにし、幸福にもします。

天風はこの本心良心のことを「誠心誠意」という言葉でも表

しています。

「真の人生幸福というものは、自己を本位とするという相対的意識の中から生ずるものではなく、恒に、誠心誠意（本心良心）という調和享容の絶対的意識の中からのみ生じる。＊享容＝受け入れる」（『叡智のひびき』講談社）

人との付き合いを考えたときも、うわべだけの付き合いより、腹を割って話し合えるような関係を築くほうが、人生の喜びが増します。

そういう関係で付き合っている人には、嘘もつけません。相手が困っているからといって、取り繕った気休めを言うのは、嘘を言っていることと同じですから、本心、良心に咎められます。

気休めではなく、何がこの人にとって必要なのかということを、相手の気持ちになって、つまり「がむしゃら」に考えることで、後ろめたさを感じることなく、適切な助言もできるはずです。

このように、どんな場合でも本心、良心に背かないことを、天風は「正義の実行」と言っています。

「正義の実行」というのは、天風の思想の中心である「積極精神（観念）」を養成する方法の一つでもあります。

天風は、積極観念の養成法として、次の五つを挙げています。

一、自分の心の内をじっと見つめて積極的か消極的かを見極める（内省検討）

二、外部から入ってくる情報を受け入れてよいものか判別する（暗示の分析）

三、他人《ひと》に対する態度はあくまでも積極的にする（交人態度）

四、先々のことを悲観的に想像して思い悩まない（取越苦労厳禁）

五、後ろめたさを感じる言葉や行いを慎む（正義の実行）

いずれも生活の中で実行してほしいと、天風は勧めています。

Book Review

『信念の奇跡』

中村天風述
日本経営合理化協会

中村天風の成功哲学三部作（『成功の実現』『盛大な人生』『心に成功の炎を』）に続く、天風成功哲学シリーズの最新刊。書籍としては初めて、天風が、ごく一部の門人に語った「私の死生観」を掲載。さらに未発表のエピソードを交えながら、自分の描く夢や希望を実現し、生きがいある人生をつくりあげる〈信念の驚くべき力〉と〈その力の活かし方〉を平易な言葉で、しかも面白く、熱く語りかける貴重な講演が収録されている。「自分が本当に安心できる人生観をもたずに生きるのは、羅針盤のない船と同じことになっちまう。しっかりした人生観をもたない人は、海図をもたずに嵐に遭って漂流した難破船以上に、人生がなんとも収拾のつかない羽目に陥る」。本書には、この人生の「羅針盤」となるべき考えが記されている。

何も考えずに寝る

寝る間際の思考法が人生を変える

寝る前に余計なことを考えることの損失

天風哲学の基本は、心を積極的に保つことで人生が明るくなるというものです。そのための実践方法として「何も考えずに寝る」という睡眠時の教えは有名です。例えば『真人生の探究』（天風会）には、このようなことが書かれています。

「一体、現代の人々は、文化民族としての理智を相当もっているにもかかわらず、案外、夜の睡眠の重大性というものを、正しく理解していない傾向がある。そのためか、寝ぎわの時に、一層余計に、至らぬ心の使い方をして、安息の床《とこ》の中に入ってまで、怒ったり、悲しんだり、怖れたり、悶えたりしている人がある。そして一日中散々使って疲労した身体や精神に二重三重の損失を附加させている。これではどんなに養生しても、栄養量を豊富に摂取しても、完全な健康を得られないばかりでなく、延《ひ》いて生命全体の活きる力が、激甚に減退して来るという、愚にもつかない事実を招き寄せることになる」

つまり、多くの人は布団に入ってから余計なことを考えることによって、身体や精神にダメージを与え、健康に悪影響を及ぼすばかりか、生命力を弱くしてしまうという愚かな行為をしているということです。

寝る前に考えるのは楽しいことだけ

天風は、人間が睡眠に入ろうとするときは、人間の精神の「暗示感受習性」が一日のうちで最も旺盛になっていると言います。寝る前に考えたことは、より一層、潜在意識に定着するという心理学の理論に基づくものです。

つまり、ネガティブなことを考えながら寝ると、ネガティブな思考をもつ人間になってしまうということです。だから、昼

現代の人々は、文化民族として理知を相当もっているにもかかわらず、案外、夜の睡眠の重大性というものを正しく理解していない

間にどんなに腹が立ったり、悲しいことや辛いことがあったとしても、睡眠時の心の中にはそうした感情を持ち込んではいけないと言っているのです。

ただし、「何も考えないで寝る」ことはなかなか難しいものです。その際は消極的なことは何も考えずに、なんでもいいから自分が楽しいと思うことやその日あったうれしかった出来事を連想しながら眠りに入りなさい、と実にシンプルに天風は教えています。これを「連想暗示法」といいます。

潜在意識に働きかけ プラス思考に

就寝前の心がけとして、天風は「命令暗示法」の実行も勧めています。今、まさに寝床につこうとする直前に、鏡に映る自分に向かって、自分がこうありたいと希望する姿になるために必要な「心の状態」を言葉にして一度だけつぶやく。大声で言う必要はありません。このとき、必ず命令形で鏡の向こうの自分に対して「お前は……」と、二人称になっていることが大切です。例えば「お前は信念が強くなる」とか、「あなたは元気溌《はつ》剌《らつ》になる」というようなものです。

その際、たとえば、数学や語学のように自分が苦手なものについて「成績が良くなる」と言うのは適当ではありません。そういう場合は、苦手なものが「好きになる！」と自分に命令します。好きになれば自然に苦手なものに親しむことになりますから、嫌でも成績は向上するということです。

また、病気の人は、「病気が治る！」という言葉ではなく、「病気を気にしなくなる！」という命令語を使うのが適当です。「病は気にしなくなることで治る」という天風の言葉にもあるように、「気にしなくなる」ということが重要で、たとえば睡

眠のように子どもの頃から行っている簡単なことも、「気にする」ことで眠れなくなってしまう場合があるのです。

　命令暗示法について、天風はいくつかの注意事項も示しています。

　それは、就寝前の命令暗示は、一日一回限りと決め、背水の陣を敷くような真剣さで行うことです。これにより暗示の強度を高めます。もう一つは、「一度に数多くの項目を命令しないこと」です。その効果を確実にするためには一回一事項に限り、さらに一度命令しだしたら、その命令したことが自己の精神に具体化するまで、つまり自覚するようになるまで、同じ事項を命令します。他の事項に変更してはいけません。また、効果を焦ってもいけません。

「こうした真理に則った方法を続行していさえすれば、やがて時来らば、必らず所要の事項が現実化するにきまっているという安心感こそ何より肝要であることも忘れてはならない重要のことである」（『真人生の探究』）

　と天風も説いています。

　そして、朝起きたら、今度は「断定暗示法」というものを実行し、前夜の命令指示が実現したように断定します。その時の自分の状態にかかわりなく、「私は信念が強くなった」のように、完了形で言うことが大切です。これは寝ている間に命令暗示法によって潜在意識に暗示づけられたものを、実在意識の領域に引き戻すという意味合いがあります。

　さらに天風は、毎朝目覚めたら「今日も活きていたことに心から感謝せよ」とも説いています。私たちは毎朝眠りから目覚めるのを当然のことのように考えていますが、もしかしたら、永遠に眠りから目覚めない可能性もあります。

　人の生命はいつどこで失われるかわかりません。だからこそ、朝が来るたびに自分の命があることに感謝し、今日も活きている喜びを噛みしめることが大切だと言っているのです。寝る間際には良いことを考え、起床後には感謝と共に活きている喜びを感じる。これを日々行えば、人生も自然と前向きになっていくはずです。

積極的な心の在り方が長寿につながる

　睡眠というものが人の生命にとっていかに重要かということを、天風は次のように説明しています。

「我々の生命は、自然の力の中にある活力（ヴリル）というもので活かされている。然《しか》もこの活力というものが、睡眠時には、何の妨げも障りもなく生命全体に完全に供給されるという貴重な事実が行われるのである」（『真人生の探究』）

　多くの人は、生きるために必要な仕事や作業をし、精神や肉体を絶え間なく活動させ、そのためにエネルギーの相当量を消耗しています。

　しかし睡眠時は心も体も活動を停止するため、エネルギーを消耗することはありません。このとき、実在意識の活動が休止すると同時に、大脳に制止作用という特殊な作用が生じます。

　この制止作用によって、大自然から供給される活力が人間の神経系統に豊富に受け入れられます。そして神経系統から臓器、筋肉、骨格その他末梢細胞など肉体の隅々まで供給されていき、昼間に消耗したエネルギーが補填されます。

つまり「何も考えずに寝る」「楽しいことを考えながら寝る」ことによって疲れが完全に回復するのは、大自然から供給される活力の受け入れ口を思う存分開いて受け入れるからなのです。

長年の睡眠不足も天風哲学で解決

日本人の平均睡眠時間は、世界的に見ても少ないと言われています。睡眠不足は、知らず知らずのうちに積み重なり、気づけば大きな負担となって心身にのしかかります。うつ病などの精神疾患に陥ってしまう人がなかなか減らないのは、睡眠不足も原因の一つでしょう。

その背景には、真面目で責任感が強く、ストレスをためやすい日本人の特徴があるのかもしれません。だから、つい、寝る前に「今日の仕事はあれが良くなかった」「今日はこんな失敗をしてしまった」と、自分を責めるようなことばかり考えてしまうのです。

しかし、考えたところで事態が良い方向にいくわけではありません。

天風は言います。「寝床へはいったら、どんな辛いこと、悲しいこと、腹の立つことがあったにせよ、それをどうしても考えずにいられなかったら、明日の朝、起きてから考えることにするんだ。寝床に何しに行くんだ。考えに行くんじゃなかろうが。あそこは考えごとは無用のところだ。昼の間に消耗したエネルギーを、一夜の睡眠、夢ゆたけく眠ったときに、また蘇る、盛り返る力をうけるところだ」（『天風先生座談』廣済堂出版より）

だからこそ、天風の教え「何も考えずに寝る」「楽しいことを考えながら寝る」を実践してみてください。何度も繰り返すうちに、やがて心身ともにすっきりとした目覚めが、あなたを包んでくれるでしょう。

Book Review

『真人生の探究』

中村天風 著　天風会

中村天風が体系化した「心身統一法」の真髄を天風自身が最初に書き下ろした著作三部作（『真人生の探究』『研心抄』『錬身抄』）の一冊であり、「心身統一法」の教科書といえる天風の代表作。心身統一法を学ぶうえで欠かすことのできない入門書であると同時に決定版。文体は一見難しい文語体で書かれているが、具体的なたとえを挙げた合理的な解説が加えてあるので、容易に内容を理解できる。冒頭から、日々の生活に追われて「人生をつまらぬもの」と考えている多くの人たちに対する「大きな間違い」を指摘し、「人間の真正な価値」を認識することを主張し、積極精神作成の具体的な方法を示している。「たった一度の人生を、有意義で価値高いものにするための必読の書」という謳い文句のとおり、悩める現代人が人生を見直すうえでの道しるべとなる書。

「生存」しているからこその「生活」

現実の問題は、現実の力でしか解決できない

理想論ではなく実践論を求めて

幸福な人生を求めるうえでの「心身の統一」の重要性は、聖書や経文、コーランに書かれていることからも、世界中の人々の知るところです。

しかしながら、すべての人の心が幸福で満たされているとは言えません。その理由について天風は、心身の統一に関する多くの教えが理想論に留まっており、肝心の「どうすれば心身を統一できるのか」という実践論にまで至っていないことに言及しています。

結核に倒れた天風は、救いを求めて国内はもとより欧米の医学者、哲学者、宗教家を訪ね歩いたにもかかわらず、誰一人として納得するような具体的な解決方法を示してはくれませんでした。この苦い経験が天風に心身統一法を創案させる動機となったのです。

天風の言葉です。「生きていることは現実なんだ。どんな人間でも現在、自分自身を死んでいるとは思いやしないだろ。生きている、息してる、血がかよってる、ものを言ってる、恋をする、なんじゃかんじゃ、みんな現実なんだ。現実はどこまで行っても、現実の力以外のものでは解決できないんだよ」

行修は日常の生活行為であるべし

天風は約3年に及ぶインドでの修行によって、自身の人生を甦らせることができましたが、誰もが山にこもって修行することなどできるはずもなく、日常生活のなかで実行できる方法であることも重要だと考えたのです。

天風は心身統一法について、次のように述べています。

「声を大にして強調せねばならぬことは、その方法のことごとくが……精神生命に関すること

病いで体が弱ってしまったときに心まで弱くなってしまうのだとしたら、そんな心が何の頼りになるでしょうか

でも、かつまた肉体生命に関することでも……いずれもそのすべてを日常生活を行いながら、行い得るように組み立ててある点がその特徴の最たるところなのである。
　換言すれば、心身統一法＝日常生命道というように作為されているのである。
　ところが、いわゆる親の心子知らずのたとえのとおり、この点を正しく理解せず、心身統一法という教義を、日常生活行事と引き離して、何か特別のときに特別の気持ちで行う、特殊行事のごとくに思惟《しい》している人がある」（『叡智のひびき』講談社）
天風が考案した心身統一法は「誰もが日常の行事としておこなえる」ことに重きを置いています。坐禅、滝行、断食などの「非日常的な修行」とは一線を画し、「日常生活そのものが、その人にとっての心身統一法」となった状態を理想としている点が天風哲学の一つの特徴です。

命を躍動させる「生存」重視の生き方

　心身統一法を実行に移すには、前提として、人の生命活動には「生存」と「生活」の二つの面があることを認識する必要があると天風は説きます。生存とは命を存続させることであり、生活とは暮らしを成り立たせること、この二つに積極性を持たせることが命を躍動させるためのカギであり、天風哲学を考えるうえでのベースになるのです。

　不遇を嘆いたり、人を妬んだりして、自分は不幸せだと感じている人の目は、「生活」に向けられていることが多い。どうすれば健全に生きられるかの答えを、地位や名誉、食生活、薬、空気の良い環境などの、生活の面に求めがちだと天風は指摘します。

　しかし、人間が人間らしく生き、幸せを感じるためには、第一に「生存」を確保する生き方

を考えなければなりません。なぜなら私たちは「生存」しているからこそ、「生活」ができるからです。生命活動の上流にある「生存」をおろそかにしていては、その先の生活に喜びを見出せるはずがない、というのが天風哲学の根本的な考え方の一つです。

天風は講話で「人生を正しくキャッチするために必要なことは、生存を第一に考えること」と語っています。

この思想は、当時死病といわれた奔馬性肺結核から奇跡的に生還した天風自身の実体験に裏打ちされています。

奔馬性肺結核に冒された体を治すために欧米の名医、学者を訪ねて回っていた若き日の天風自身も、薬や治療法などの「生活的な方法」ばかりを求めていました。しかし、失意のエジプトにて師を得て、ヒマラヤの麓で悟りを開いたことで「生存に対する心のありよう」を体得し、病を克服したのです。

生命活動の源は「心」にある

この生存と生活からなる「生命活動」に、心と体の両面からアプローチするのが「心身統一法」ということになりますが、天風はとりわけ「心」を強くもつことを重んじています。

たとえば『成功の実現』（日本経営合理化協会）には、心身統一法が生まれた経緯について、次のように記されています。

「『人間というものの生命が体ばかりでなくて、心と体が打って一丸《いちがん》とされたものである以上、体が大事だが心も大事じゃないか。その大事な心を俺は少しも考えていないじゃないか』。これが、心身統一法というものが生まれだすいちばん最初の動機なんです」

また、天風は講話の中で、次のような持論を展開しています。

「〝健全な肉体にあらずんば、健全な精神やどる能わず〟この言葉が真理ならば、体が丈夫な人はみな心も強いはず。しかし、現実はそうではありません。

まず心が強くならないことには、体は決して強くならないのです。仮に、体が強くなれば心も強くなるのだとして、病いで体が弱ってしまったときに心まで弱くなってしまうのだとしたら、そんな心が何の頼りになるでしょうか」

さらに『天風先生座談』（宇野千代／中村天風述／廣済堂出版）では次のようにも語っています。

「われわれの生命の生きているのは、三つの条件が働くためだということは、生理学上の通念であります。息を吸うことと、栄養を吸収すること、老廃物を排泄すること、この三つの条件が生命の火を燃やす。科学的にいうと、新陳代謝の作用でおこなう条件になっている。それをおこなうのは何かというと、心なのであります」

生命活動は「心」が発端となって成り立っている。

その見地に立っているからこそ、どのような状況下においても、「心」を強く保って生きていくことの大切さを説いたのです。

日常を幸福にするための哲学

天風はよく「行 勿倦《うむなかれ》」の色紙を弟子に贈りました。この言葉は、「飽きることなく行じていけ」という意味です。

どのような行動哲学にも同じことが言えますが、最大の難関は「継続」です。

天風は継続の難しさを知っていたからこそ心身統一法の実行を特別な行事と捉えず、習慣化して「日常」に溶け込ませることを説いたのではないでしょうか。

天風が残した「積極的な心をつくることはだれにでもできる」「特別な機会に、特別な気持ちで行うなどと錯覚してはいけない」という言葉は、一人でも多くの人の日常を幸福へと導きたいと願っていた、その心の表れであるように思えてなりません。

Book Review

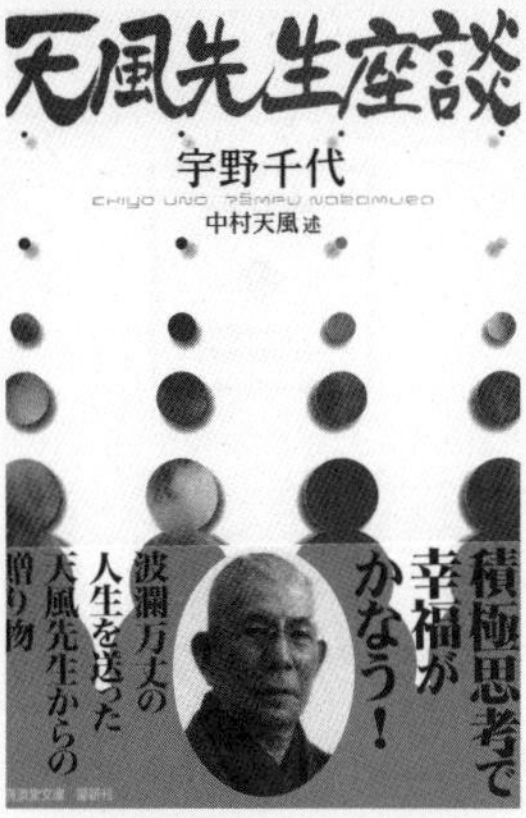

『天風先生座談』

宇野千代 著　中村天風 述　廣済堂出版

多くの著名人の心を動かし、今なお絶大な支持を得る「天風哲学」の生みの親、中村天風。日本全国で行われた天風の講話を、当時の語り口をそのままに文章化したのが本書であり、今は亡き中村天風の言葉を、息づかいすら感じる臨場感をもって追体験することができる。「幸福は、自分の外にあるのではなく、自分の中にある」「無いものばかりを求めるのではなく、今、あるものの幸せを感じる」「夜寝る時は、心を煩わさずに、嘘でもいいからポジティブに」など、随所に天風哲学のエッセンスが散りばめられた内容で、天風哲学の入門書としても薦めたい一冊。中村天風の門人となり、その教えによって、深い挫折から蘇生したと語る作家・宇野千代が編集をつとめている。

天風哲学 14

「積極思考」を解剖する

絶対積極

富士山のように泰然自若と

「積極」という言葉の意味

「積極的」という言葉は、たとえばスポーツの世界では「アグレッシブ」というような言葉を使って、相手に挑みかかっていったり、攻撃的なプレーをしたりするというような意味に使われます。

一般的には、積極的というのは消極的に対する言葉です。テニスやサッカー、野球などの競技でも、消極的なプレーをしている選手に対して監督が「もっと積極的に行け！」と檄を飛ばしたり、観衆がブーイングを起こしたりというようなこともあります。

そこで選手のほうも、消極的な心を無理矢理にでも奮起させて、積極的なプレーに出ようと心がけます。

たとえばテニスのゲームで、あと1ポイント取られたらゲームセットというとき、しかも相手のサービスゲームのときには、とてつもないプレッシャーがかかります。

あるいは野球の試合で、1点ビハインドの9回裏ツーアウト二死三塁というような状況で、ツーストライクまで追い込まれたバッターの心理も、同じような状況にあるのではないでしょうか。

スポーツの世界は時に残酷で、選手をこのような極度にプレッシャーのかかる状況に追い込みます。そういう状況にあって、人はとかく消極的な心になりがちです。

ここでポイントを取られたら負けるとか、ここで三振してしまったらチームのみんなに迷惑をかけるとか。

さらには負けることによって、ファンや周囲の人から後々、後ろ指をさされるのではないかというような余計なことまで考えて心が消極的になり、普段の力も出せずに失敗してしまうこと

心に雑念とか妄念とか、あるいは感情的ないろいろの恐れとか、そういったものが一切ない状態

が多いのです。

　プロスポーツの世界は結果と成績がすべてです。対戦相手に負けないために、パワーやテクニックといったフィジカルを鍛え上げると同時に、何がなんでも勝ってやろうという闘争心、敵愾《てきがい》心が求められます。負けてもいいかと弱気になっている選手が勝負事に勝てるはずもありません。この強気なメンタルを「積極的」と表現することもできるかもしれません。

　しかし、こういう「積極」は、天風の語る「積極」とは、だいぶ意味合いが違うようです。

もう一段高いところにある気持ち

　天風は、人々が「積極」というのを、次のように考えていると言います。

「時によると、積極精神というのは、なにか強気な気持ちでという意味にとらえて、がむしゃらに強がったり、強情はって頑張るということがそうだと思ってる人、多かないですか。

　こういうのも、もちろん積極精神の一部だと言えないこともないけれど、これはあくまでも消極と相対しているものだな。だから、相対的な積極なんであります。

　私が教える積極精神というのは、消極というものに相対した積極でなくして、絶対的な積極のことなんです」（『心に成功の炎を』日本経営合理化協会）

　ここで言う「絶対的積極」とは何か。それを説明するために、天風は相対的積極の例を挙げています。

　例えば、あるプロ野球選手が天風の所へ相談に来て、このように言います。

「何とかしてヒットを打ちたい。でも、そう思えば思うほど、あせればあせるほど打てなくなってしまう。どうやれば、このスランプからぬけだせます？」と。

　これに対して天風は、「バッ

ターボックスに立って、何とかして打とう、ヒットを飛ばそうという気持ちは、相対的な気持ちだ」と言います。それがどういう意味かと聞かれると、天風は次のように答えます。

「ピッチャーに対して、勝ってやろうとか、打ち負かそうとかいうような気持ちをださなきゃいいだけのことだよ」

　たしかに私たちは、スポーツなど勝敗を競う場面では、相手を打ち負かそうという気持ちにとらわれがちです。しかし本当の積極とは、次のようなものだと天風は指摘します。

「心がその対象なり相手というものに、けっしてとらわれていない状態（中略）心に雑念とか妄念とか、あるいは感情的ないろいろの恐れとか、そういったものが一切ない状態。けっして張りあおうとか、対抗しようとか、打ち負かそうとか、負けまいといったような、そういう気持ちではない、もう一段高いところにある気持ち、境地、これが絶対的な積極なんですぜ」

　相手に負けまいとか、打ち負かしてやろうとか、そういう気持ちより、「もう一段高いところにある気持ち、境地」に至ったとき、人間は本来持つ潜在的な能力を発揮できるのだと天風は説いているのです。

どんな大事や危機に直面しても……

　天風自身、そうした境地に至るまでには、さまざまな苦難を経てきました。

　天風は陸軍の軍事探偵として満州で活躍し、日露戦争時には敵兵に捕らえられて、あわや銃殺という危機に遭っています。

　しかし、そのような状況でも死というものを恐れないほど、強い心を持っていたのです。

　ところが帰国して、当時は死病と言われた奔馬性肺結核にかかり、病気からくる死の恐怖によって、天風は次第に心を弱くしてしまいました。

　ある夜、母親が天風に向かい、「見てごらん、きれいな月だよ」と言っても、心の弱くなった天風には、ただの慰めにしか聞こえず、背を向けたままだったと言います。

　天風は後年、この母の優しさに対しても背を向けてしまうほど心の弱くなってしまった自分を深く恥じ入ったと言います。

　その後天風は、インドの山中でヨガの聖人カリアッパ師の指導のもと、悟りを開き、自らの中に潜在する積極的な精神に気づくことになります。

「どんな大事に直面しても、どんな危険な場合に直面しても、心がいささかもそれによってあわてたり、あるいはそれを恐れたり、あがったりしない、いわゆる平然自若として、ふだんの気持ちと同じようにこれに対処することができる状態。どんな目にあっても、どんな苦しい目、どんな思いがけない大事にあっても、日常と少しも違わない、平然としてこれに対処する」

　これが本当の「積極的精神」であると、天風は言っています。

　天風の話を聞いて「おかげ様で家族全員健康になりました」とか「おかげさまで商売が繁盛いたしました」とお礼を言ってくる人がいると、天風は「あなたは私の話をほんとうに聞いていたのか」と残念に思ったそうです。

天風が涙が出るほど嬉しいお礼の言葉は、「うちにどんなに病人ができても、どんな（良くない）運命的なことができても、以前とぜんぜん心持ちが違うんです。ぜんぜん心持ちがいたぶられないんです。どんなに私の心を乱すようなことを仕向けられても、断然、私の心は始終、平和でございます。ほんとうにありがとうございます」というもので、このような言葉を聞くと、抱きしめてあげたいような嬉しさを感じると言っています。

泰然自若とした富士山のように

天風が絶対積極の精神を表すのに引き合いに出すのが、「晴れてよし曇りてもよし富士の山」という歌です。

これは幕末から明治にかけて活躍した幕臣・山岡鉄舟の詠んだ歌と言われています。鉄舟は、戊辰戦争で官軍が江戸に攻め上がり、江戸が総攻撃に遭う前に西郷隆盛を説得し、江戸が火の海になるのを防いだ人物です。明治維新の立役者である西郷をして「命もいらず名もいらず、金も官位もいらぬ人は始末に負えない」と言わしめた人物で、西郷の言葉通り、ある意味悟りを開いた人物でもあります。

その鉄舟が、幕臣でありながら明治維新後に明治政府に仕えたことに対し、誹謗中傷する者もいました。そんなとき詠んだのが、この富士山の歌です。

この歌には、「もとの姿は変わらざりける」という下の句がついています。富士山というものは、天候や季節によって見え方が変わるが、富士山自体は晴れていようが曇っていようが変わらずに泰然自若としているという意味です。

天風も、この富士山の状態こそが、「絶対積極」の心持ちだと言います。

私たちも、アクシデントやトラブルに心を波立たせることなく、他人の言動にいちいち左右されることもなく、常に泰然自若とした富士山のように、堂々と人生を歩みたいものです。

Book Review

『心に成功の炎を』

中村天風述
日本経営合理化協会

『成功の実現』『盛大な人生』に続く、中村天風の成功哲学三部作の一冊。新たに発見された天風の未公開講演テープ 32 本を厳選編集し、運命を開拓し理想的な人生を実現させる「生きる心構え」「絶対積極」「強い生き方」「心の正体」などに加え、「太平洋戦争中の疎開先で出会った１人のアメリカ兵」「血を吐きながらの講演」など感動的なエピソードが含まれている。「『積極』の篇」では、成功の土台となる積極精神、運命を開拓する「絶対積極」の世界、感情を統御して心を積極的に生かす法、波乱の半生から編み出された心身統一法の実践法、インド修行で体得した、何ものをも恐れない「強い生き方」など、天風哲学の礎となる「積極的精神」の根源について詳しく解説がなされている。

Column

天風と交流した人物 ②

天風が影響を与え、与えられた著名人 －海外編－

ロックフェラー3世（John D. Rockefeller Ⅲ）

ゲッティ／共同通信イメージズ

米国の銀行家。ロックフェラー家第３代当主。天風の熱心な信奉者で、天風をアメリカに招聘したいと何度も誘ったが、天風は日本人の心を立て直すことを優先し、これを辞退した。天風は講演で彼と会食した様子なども語っている。自分の資産がいくらあるかわからないという富豪が、豪邸にも住まず、自家用車も持たずにタクシーを利用しているという話を聞いて、その清貧さに天風も感心したという。

孫文（孫逸仙／Sun Yat-sen）

World History Archive ／ニューズコム／共同通信イメージズ

中華民国の政治家・革命家。医師をしながら革命団体を組織。三民主義を唱え、1911（明治44）年には辛亥革命を成功させる。孫文の武装蜂起は何度か鎮圧され、日本にも亡命しているが、頭山満のもとで保護された際、天風が世話をしている。その縁もあって天風は、インドの修行を終えて帰国途中、孫文の第二次革命に参加している。

サラ・ベルナール Sarah Bernhardt

フランスの舞台女優。広い人脈を持ち、サラのサロンには多くの芸術家や知識人が通った。天風は病で弱くなった心を強くするための方法論を求めて欧米に渡るが、フランスでサラの邸宅に寄宿している。

カリアッパ

天風にヨガの修行を指導した人物。天風は師を、自分の生命を救い、悟りをもたらしてくれた偉大なる師と語っている。しかし、師がどのような身分の人物であったかなどについてはあまり語っていない。

第3章

天風メソッドで心身の健康を獲得する

●心身の健康を獲得する天風メソッド

●笑に勝る健康法はない

松本光正

●ストレスを軽減する「クンバハカ」と呼吸法

岸本京子

心身の健康を獲得する 天風メソッド

人間は感情を統御できる生物

人は誰もが心に不安のない、明るく朗らかな生活を送りたいと願っています。

しかし実際、私たちは、日常生活の中で人間関係や健康面、年齢など、さまざまな面で不安や恐れなどの感情を抱いてしまいます。

その不安や恐れといった暗い気持ちを明るい方面に変えようと思えば思うほど、逆に暗い気持ちになってしまう、ということはないでしょうか。

人間が自分の感情をコントロールすることは、とても難しいことのように思われています。これに対して中村天風は、「人間は感情を統御できる生物である」とはっきりと述べています。

そして、どんな苦しい目にあっても、どんな思いがけないことが起こっても、平然と対処できる心（本当の積極的な心）をつくらせるものではありません。ただ、そのいくつかの例としては、「心に溜まった消極的な思いを綺麗にする方法」、「不安や悩み、日常生活のストレスなどで疲れた心をリセットする方法」、「心を積極的につかう癖をつける方法」、そして「自然治癒力を高める方法」などが挙げられます（左ページ参照）。

積極的な心をつくり健康な身体をつくる

「心身統一法」は、心と体の両面の多岐にわたる方法からなっており、とてもここですべてを言い尽くせるものではありません。ただ、そのいくつかの例としては、「心に溜まった消極的な思いを綺麗にする方法」、「不安や悩み、日常生活のストレスなどで疲れた心をリセットする方法」、「心を積極的につかう癖をつける方法」、そして「自然治癒力を高める方法」などが挙げられます（左ページ参照）。

そして、心身統一法の最大の特徴は、その方法のいずれもが日常生活の中で行えることです。

つまり、普段の生活を送りながら、心身統一法で積極的な心をつくり、健康な身体をつくっていくことができるのです。

心身統一法は、これまでの100年間で100万人以上の人たちに学ばれてきました。

心身統一法を学び、その方法を毎日の生活の中で実行することによって、幸福で充実した人生を歩んでみませんか。

中村天風が創始した天風メソッド＝「心身統一法」は、心と体を積極化することで人間が本来持っている「潜在勢力」を引き出します。心が積極的になることで、今抱えているさまざまな問題も好転していきます。100年以上にわたり、多くの人に実践され続けてきたメソッドを紹介します。

「心身統一法」の一例

自己暗示法を用いて、潜在意識の中に溜まった消極的な思いを積極的なものに置き換える方法

・観念要素の更改法

日常生活の中で、心を積極的にする留意点とその訓練法（5つのチェックポイント）

・積極観念の養成法

特殊な体勢をとり神経系統を安定化させるストレスを緩和して活力の散逸を防ぐ方法

・神経反射の調節法（クンバハカ）

ブザーや鐘の音を利用して「無念無想」の境地を味わう、天風オリジナルの坐禅法

・安定打坐法《あんじょうだざほう》

その他…呼吸法、体操、セルフマッサージ など

笑いに勝る健康法はない

医師　中村天風財団講師　松本光正さん

中村天風は「〝笑い〟を応用すれば、かなり良い結果を人生に招来できる」と、笑うことを大いに推奨しました。実は医学的にも「笑い」の健康効果は証明されているのです。むしろ「笑い」だけで医者や薬に頼らず、健康かつ長寿を実現することもできるそうです。その具体的方法を医師の松本光正さんが解説します。

心が決まればどんなことでもできる

私が天風先生の弟子になったのは、高校生のときです。最晩年の弟子になりますので、子供心にも、先生がお元気なうちに学んでおかないといけないと思ったのでしょう。夏休みの40日間などもほぼ毎日、先生の行くところに常に付いて回っていました。

普通の人が経験しないようなことも体験しました。たとえば天風先生がいらっしゃったので、できたのだと思います。

先生は、「人間というのは、心が決まっていれば何をしても痛くないんだよ」と言って、たとえば畳針を自分の腕に刺してみなさいと教えてくれるんです。私も先生におっしゃるんです。私も先生にお願いしてやらせてもらったのですが、不思議なことに、全然痛くなかったし、血も出ませんでした。

先生は、そういう実験を通して、「心が決まれば、どんなことでもできるのが人間なんだ」ということを示されたのです。今、自分でそれをやろうと思っても、勇気が出てこないですね。そのときは傍に天風先生がいらっしゃったので、実際、天風先生もそのようにおっしゃっていました。

風邪をひいても薬なんか飲むな

たとえば、私は天風先生に関する本のほかに、病気に関する本も何冊か出しています。そこで書いていることも、すべて天風先生から学んだことです。

『風邪薬は飲むな』（角川新書）という本などは、その典型です。私も天風先生の教えを受けていながら、長いことその点に気がつかないまま治療に当たってきました。患者さんに風邪薬を処方した

いんだよ」と言って、たとえば畳針を自分の腕に刺してみなさいと教えていただいたさまざまなことが、今日に生きています。

大学医学部の6年間、天風先生から教えていただいたさまざまなことが、今日に生きています。

たとき、熱が出るのも咳が出るのも、人間が生きるためにやっているんだ、と。

ところが、多くの人は、風邪をひくと化学薬品で熱を下げたり、咳を止めたり、鼻水を止めたりしようとします。それがいいことだと、医者も思い込んでいます。

血圧に関しても同様です。医者に行く人は、血圧が高いと不安になり、薬を飲んでこれを下げようとします。しかし、人間というのは本来、命を守るために自分の体を最適な状態にもっていっています。ですから、血圧が高いのは、体にとって必要だから、あえてそういう状態を作っているということなのです。

だから化学薬品によって無理に血圧を下げることは、人間が本来生きるための仕組みを破壊していることにほかなりません。

り、ワクチンを打ったりすることに、まったく疑問を感じていなかったのです。

大きな転換点になった出来事は、私が勤めていた診療所の婦長さんが結核にかかったことでした。私が診ていた結核の患者さんから、婦長さんに感染したのです。

その婦長さんは、ＢＣＧを打っていたから感染するはずはないと思っていました。ところが調べてみると、当時ＢＣＧを打っていれば結核にかからないと思っていたのは日本人くらいで、日本以外の国ではＢＣＧをほとんど接種していなかったのです。

つまり、ＢＣＧの接種の有無にかかわらず、結核にかかる人はかかるし、かからない人はかからないのです。

松本光正（まつもと・みつまさ）：1943年大阪生まれ。1969年北海道大学医学部卒。医療生協さいたまを経て、2014年サン松本クリニックを開設。中村天風の最晩年の弟子であり、内科医師、中村天風財団講師、中村天風研究家。著書に『高血圧はほっとくのが一番』（講談社）、『かぜ薬は飲むな』（角川新書）、『最晩年の弟子が語る新説 中村天風の歴史』（河出書房新社）ほか多数。

現代医療の矛盾を象徴する「血圧」

またある日、奥さんに連れられて、片麻痺の症状のある50歳くらいの男性の患者さんが来院されました。その患者さんに血圧の薬を飲んでいたかを尋ねると、飲んでいたと言うのです。

片麻痺の原因の多くは脳梗塞や脳卒中で、医学界では高血圧の人ほど、そういう症状になりやすいと言われています。そこで私は、血圧の薬を飲んでいるのに、どうして片麻痺になってしまったのか疑問に思いました。

いろいろ調べてみると、血圧の薬を飲んでいたのに脳梗塞になったのではなく、薬を「飲んでいたから」なってしまったという症例もあることがわかったのです。このように、現代医療も完璧なものではなく、いろいろな問題点を抱えています。また、世界ではやっていないのに、日本だけで行われている治療などもあります。

こういう矛盾はほかにもたくさんあると思いますが、そのことに気づいた私は、天風先生がおっしゃっていた「人間の生きる力の強さ」という原点に立ち返った治療を行うようにしたのです。

私が血圧についての本を書いたり、講演で説を述べたりしているのは、血圧がこういった医療の矛盾を象徴しているからです。

そもそも、私のところに来る患者さんで、血圧が高いからといってその後大病になった人などいません。皆さんが「上の血圧」と呼ぶ収縮期血圧が10年間２００以上続いても、90歳以上まで長生きした患者さんがいました。

もちろん、血圧の薬を飲んだ人が、それによって助かることもあるかもしれませんが、逆に血圧の薬を飲んで脳梗塞になる人もいるのです。

ですから、私は基本的には「血圧は下げなくていい」と思っています。ただ、太っている人には、痩せた方がいいですよとアドバイスしています。また、血圧を下げたいなら、怒ったり、悲しんだり、心配するといった感情の起伏はないほうがいいですよとも言っています。

おかしくなくても笑う うそ笑いでいいから笑う

少々前置きが長くなりましたが、その感情の起伏をなくす最も効果的な方法が、「笑う」ということです。「笑う」という行為には、気持ちを落ち着かせる効果があります。医学的に言えば、笑うことによって、自律神経が良好な状態に保たれるのです。

自律神経のバランスが整えられれば、血圧も自然に下がります。ところが怒ったり、悲しんだり、心配したりという状態は、すべてストレスなので、そのストレスと戦うために人間の体は血圧を上げようとします。これは科学的にも説明できることです。

この「笑う」ということに関しては、おかしくなくても笑うことが大切です。私はよく患者さんにも、「うそ笑いでもいいから、笑いなさい」と言っています。脳科学者の研究でも、脳は本当の笑いとうそ笑いを区別できないと言われています。

だから、うそ笑いでもいいから笑う。おかしくなくても笑う。まして怒ったり、悲しんだり、心配しているときは、なおさら意識的に「アハハハハ」と、大きく笑うんです。もし人目が気になるようなら、心の中で笑えばいい。

笑ったら 1日元気にスタート

天風先生も、笑え、笑え、といつもおっしゃっておられました。みんなが集まってご飯を食べる前も、まず先生が立ち上がって「さあ笑え」と号令をかけられます。そこでみんなで「アハハハハ」と3回笑うんです。

「笑い」は天風先生の教えの中でも最も重要な要素の一つで、先生は、どこでも笑えるように訓練しろとおっしゃっていました。朝洗面所の鏡で自分の顔を見て。「ア

「ハハハ」「イヒヒヒ」「オホホホ」「ウフフフ」「エヘヘヘ」と、50音順に笑えと言うんですよね。

これほど簡単な健康法はありませんよね。

笑ったら、一日元気にスタートしなさい、とおっしゃっていましたね。笑ったときでも笑います。この「いつでも」というところに、自分勝手に条件を付けてはいけません。

「こんな状況で、とても笑えない」というときもあるかもしれませんが、むしろそういう時にこそ笑うんです。どんなに大変なときだって、人は笑うことはできるんですから。

逆に、つらい時にさらに余計に心配したり不安になったりすると、不安が不安を呼んでストレスは何倍にも増えていきます。そうなると血圧も上がりますし、免疫力も落ちて体にも悪影響を及ぼします。

天風先生も、「自分の命をかけてまでわざわざ悲しんだり、心配したりするなよ」とおっしゃっています。笑うだけで心が軽くなって、体も健康になるんですから。

自分の心の転換を行う

私は、笑いの効果をさらに高めるため、そこに「感謝」を加えています。「ありがとう、ありがとう」と言っていれば、笑いと同じ効果で、常にプラスの気持ちでいられるからです。

たとえば嫌な上司から小言を言われたとき、そこで「アハハハ ありがとう」と言っていれば、まず口論するのではなく、すべて「ありがとう、ありがとう」と心の中でつぶやきます。「この人がこう言ってくれたおかげで、自分はこの間違いに早く気づくことができたんだ」というように、プラス思考で考えればいいのです。

「ありがとう」も笑いと同じで、なかなかすんなり言葉にできません。ですから日ごろから「ありがとう」と言う練習もしておくといいと思います。私もバスを降りるとき、運転手さんに「ありがとう」

と言って降りるなど、普段から感謝の気持ちを口に出すことを習慣にしています。

いつも「ありがとう、ありがとう」と言っていれば、家庭や会社の人間関係もうまくいくと思います。たとえ家族であっても、自分と違う人間なのですから、考えや行動が一致せずにぶつかることもあるでしょう。そこで相手と同じ人間なのですから、考えや行動が一致せずにぶつかることもあるでしょう。そこで相手とぶつかり合うことはありません。

時には相手の言動にイラっとすることもあるでしょう。でも、そういう心はすぐに打ち消さなければいけません。打ち消して、引きずらないことです。

天風先生はそういうとき、「自分の心の転換を行う」ことが大切だとおっしゃっていました。その際、嫌なことがあっても、すぐに「アハハ」と笑ったり、「ありがとう」と感謝をしたりすることが、「心の転換」をする上で一番簡単な方法なのです。

人はいつかは死ぬということを自覚する

天風先生は病について、「治るものは治る、治らないものは治って本当に死ぬ」ということをおっしゃっていました。

結局、病が治るか治らないかを決めるのは、その人の生きる力であって、それは強い心から生まれます。医者がそこに何か手を加えたから治るとか、治らないというものではないと思います。

心が強ければ、病を治すこともできます。しかし一方で、人間はいつかは死ぬのです。その「いつかは死ぬ」ということを自覚して本当に心に開き直れたら、確かに強い心になりますよね。死ぬのを恐れて、「怖い」「不安だ」という気持ちをいつまでも引きずっていたら、余計に病も悪くなってしまいます。

ですから皆さんも、この「笑い」と「感謝」を日常生活に取り入れてみませんか。そして前向きに、元気に、長生きしましょう。

医師に聞く

ストレスを軽減する「クンバハカ」と呼吸法

京メディカルクリニック院長・医師　中村天風財団講師　岸本京子さん

岸本京子（きしもと・きょうこ）：医師・医学博士。中村天風財団講師。東京医科大学麻酔科学教室に入局、麻酔とペインクリニックに従事する傍ら漢方を学ぶ。その後、ストレスケア日比谷クリニックや山田光胤記念漢方内科渋谷診療所にて漢方診療を行い、八丁堀石川クリニック院長を経て、2021年3月、京メディカルクリニックを開院。

ストレスフルな時代と言われる現代社会では、ストレスの影響で体調を悪くしたり、心を病んでしまう人がたくさんいます。しかし、中村天風がヨガの修行によって得たクンバハカ法と呼吸法を用いれば、ストレスに負けない強い心を維持することができます。その医学的な根拠と方法を岸本京子さんに伺いました。

ストレスの影響を受ける自律神経の働き

現代社会は「ストレスフルな時代」と言われます。職場や学校などで受けたストレスによって、体調を崩したという話をよく聞くことがありますが、いったいストレスの正体とは何なのでしょうか？

ストレスは大きく分けて二つあります。一つが、外傷や病気といった身体からのストレス。もう一つが、主に人間関係で生じる心のストレスです。

これらのストレスによって、最

も影響を受けるのが自律神経です。心のストレスが自律神経の失調状態を招きます。それが要因となって、呼吸器疾患、血液の循環障害、感染症、発がん、心臓の異常、消化不良、胃腸障害、情緒不安、うつ病など、さまざまな症状を引き起こします。

ここで説明する「クンバハカ」と呼吸法は、このようなストレスに負けない強い心を作り、そのストレスをむしろ変換して力に変え、自分の生きる力としていくことができる、心身統一法の手法です。

神経の反射作用を調節する

では具体的に、どのようにしたら、ストレスに負けない心が作れるのでしょうか？

それは、外部からストレスとなるようなショックを受けても、そのショックをそのまま受け取らず、それを緩和して、自分の心と体に及ぶ影響を最小限にすることです。

私たちの身体の中枢には大脳と脊髄があり、外からの刺激はすべて大脳に伝わります。その刺激の情報が大脳で処理され、刺激にどう対応するかという指令が、神経を通じて身体に伝達されます。この一連の働きを「反射」といいます。この反射作用を調節することで、刺激から心身を守ることができるのです。

そこで天風先生が注目したのが、五臓六腑や血管などを働かせて、私たちの命を守っている「自律神経」です。

自律神経には交感神経と副交感神経があります。交感神経は、車の運転でいうとアクセルです。ストレスがかかったら、アクセルを踏んで、そのストレスを回避するために頑張ろうとします。すると体は興奮状態になり、心拍数や血圧が急激に上がります。でも、そのままにしておくと高血圧や精神疾患になってしまいますので、普通はその事象が終わったら、副交感神経の作用でブレーキをかけ、ニュートラルに戻して、体を通常の状態に戻そうとします。

また、大脳には、「動物脳（大脳辺縁系）」と「人間脳（大脳新皮質）」があります。動物脳というのは感情的なもので、人間脳というのは、判断や思考、想像などの働きをします。そのため、人間脳をうまく使えばネガティブな感情もコントロールできるのですが、多くの人はこの人間脳を悪い方向

クンバハカがストレスから心身を守るしくみ

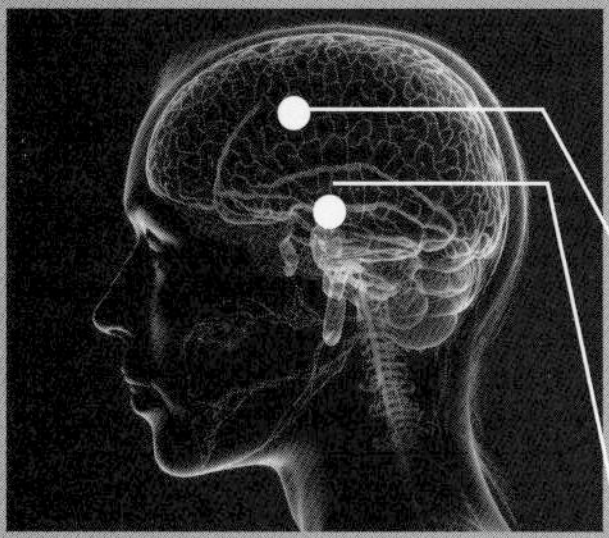

人間脳（大脳新皮質）

高等動物、特に人間が大きく発達させた部位。思考や言語機能を司る。

動物脳（大脳辺縁系）

動物が共通的に有している原始的な部位。本能行動や感情を司る。

ストレスを「動物脳」が感じ取り、神経を通じて心身に影響を与える。さらに「人間脳」がそれを増幅してしまうことある。

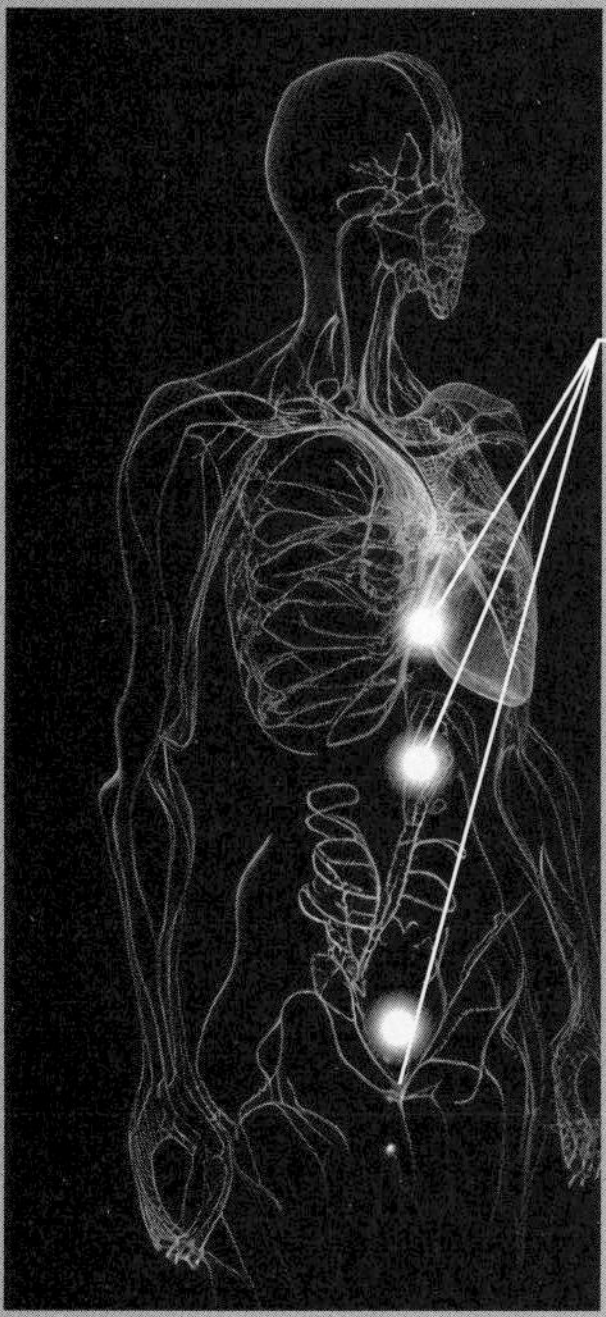

神経叢

クンバハカを行うことで、3カ所の神経叢の動乱を防ぎ、マイナスの感情からくる心と体に及ぶ悪影響を最小限にする。

に使ってしまいがちです。

たとえば会社で上司に怒られたら、いつまでもそのことを引きずってしまいます。目の前に上司がいなくなっても、ずっとそのことを考えているわけです。交感神経の話でいうと、ずっとアクセルを踏みっ放しということです。これがストレスの一番の問題点で、この状態が続くと、いわゆる自律神経失調症になってしまいます。

天風先生はこのように、心と体を結ぶ神経の働きに着目したのです。そして、自律神経の失調状態の反対の状態、すなわち、「神経が適正に働けば、身体も正常に機能する」ということに注目し、そのための方法を教えてくれています。それが、神経反射の調節法＝クンバハカです。

クンバハカのやり方は、①肛門をぐっと締める、②下腹部に力をこめる、③肩の力をぬく、この3つを同時に行います。さらに、強烈な刺激を受けた場合には、瞬間呼吸を止めます。これだけです。

人体には神経が束のように集まっている場所（神経叢《そう》）があって、この体勢を取るとことで神経叢の動揺を鎮め、刺激が心や体（特に内臓諸器官）に大げさに伝わることを防ぐのです。

クンバハカの方法は天風先生がヨガの修行から会得したものですが、そこに先生が医学的な理論を補足してわかりやすく私たちに示してくれています。

ヨガ的な見地から言うと、このクンバハカは、大自然のエネルギー、活力を取り入れる方法であり、また取り入れた活力の放出を防ぐ方法でもあります。私は漢方の専門医ですが、中国ではこのエネルギー、活力を「気」と表現しています。「気のめぐりがよくなることで健康な状態を保てる」などと言いますよね。

呼吸法で大自然のエネルギーを取り込む

この大自然のエネルギー、活力を自分の中に取り入れるための一つの方法が、呼吸法です。心身統一法では「プラナヤマの呼吸法（活力吸収法）」と言っています。

プラナヤマの呼吸法は、三つの密法と言われる方法の一つです（三つの密法＝クンバハカ、プラナヤマ、安定打坐法）。

私たちが必要とする大自然の活力、エネルギーは、空気、水、食べ物、土、太陽光線に含有されています。このうち8割以上を空気から取り入れています。つまり私たちは常日頃、呼吸を通じて活力、エネルギーを無意識的に補給しているのです。

この呼吸によるエネルギーをより効果的に、効率的かつ十分に取り入れようとするのがプラナヤマの呼吸法です。

呼吸の健康効果は、医学的にも「ガス交換」という言葉で説明できます。つまり酸素をたくさん取り込むと、酸素が動脈を通じて身体の隅々に行き渡り、細胞でエネルギーに変換されます。そして老廃物を代謝してできた二酸化炭素が呼気とともに体外に排出されます。深呼吸をするとリフレッシュできたり、元気になれるのは、このガス交換のしくみによるものです。

ただし、プラナヤマ呼吸法と普通の呼吸法には明確な違いがあります。それは、呼吸をするときに、「観念」を添えること、具体的には、大自然の活力を取り入れていることをイメージしつつ、感謝の気持ちで呼吸をするということと、呼気と吸気の合間には、息を止めてクンバハカを行うという2点です。

身体というのは、自分が意識したように動きます。たとえば脳梗塞で身体が麻痺した患者さんのリハビリでも、「はい、ここを意識してください」と言って指や足を動かしていくと、動くようになるということがあるのです。実際、会社で残業して疲れたときにこのプラナヤマ呼吸法をすることによって元気を回復したという事例などを、たくさん聞きます。

こうして大自然の活力、エネルギーを意識的に吸収することで、心と身体をさらに強くすることができるのです。

マイナス要因を感謝と歓喜に変える

クンバハカの方法で神経反射を調節し、呼吸法と合わせて大自然の活力、エネルギーを吸収することで、ストレスという刺激に対する耐性が付けられます。

身体も筋トレをすると強くなるように、心も負荷をかけることによって強くなる面があると言えます。負荷をかけたとき、それに押しつぶされてしまうことなく、逆にそれを力に変える、もっと言えば、どんな苦しみも楽しみに振り替えて生きていけるような強い心をつくる、神経反射の調節法だけなく、天風先生の伝えるあらゆる方法が、このことを目指しています。

天風先生は、ストレスを「感謝」「歓喜」に変えるべきだと強くおっしゃっています。どんなマイナスなこともそれを喜びに振り替えようよと。

そういう強い心ができると、自分を叱った上司に対しても「ありがとう」と素直に心の中で言えるようになります。

以前、大谷翔平選手を育てた花巻東高校の佐々木洋監督と、講習会の講師としてご一緒させていただくことがありました。

天風先生の著書『運命を拓く』は、佐々木監督が大谷選手に渡したものと言われています。

そのほか佐々木監督は、生徒に対して、「誰かに怒られたり、叱られたりしたら、それは『ありがとう』なんだ。失敗したら『おめでとう』なんだよ」ということを教えるそうなのです。

これはまさに、ネガティブを感謝に振り替えるという天風先生の教えに通じるものです。こういう大切なことを17、18歳くらいの子どもたちに一生懸命教えていらっしゃる先生の影響を受けたからこそ、大谷選手の今の活躍があるのかなと思います。

このように考えると、ストレスは必ずしも「悪者」ではなく、逆にストレスが自分を成長させる大きな動機となって作用するということがわかります。

「想定外のことが起きやすい環境に適応しようとするストレスが、自分を成長させてくれる」

これはサッカーワールドカップの出場権を獲得した最終予選のオーストラリア戦後の三笘薫選手の言葉です（Ｎｕｍｂｅｒ１０５０号、２０２２年５月６日発売）。三笘選手のような一流選手は、やはりそのことに気づいているのです。

今までストレスに悩んでいた人も、むしろストレスと仲良くなるくらいの気持ちで、自分を成長させる糧として付き合ってみてはいかがでしょうか。

天風ゆかりの地を訪ねて

陸軍の軍事探偵として満州へ。帰国後、肺結核の発病と、
欧米歴訪。そして運命の出会いとインドでの修行。
中村天風が悟りを開くまでの足跡をたどる

インド

天風がカリアッパ師のもとで修行を積んだのは、ヒマラヤの麓にある山村だった。

満　州

若き日の天風は、陸軍の軍事探偵として満州に渡る。日露戦争時には、ロシアのコサック兵に捕えられ、銃殺される寸前で仲間に救われたこともある。そのときの天風は死など恐れていなかった（写真は現在の黒竜江省ハルビン市）

ニューヨーク

奔馬性結核に罹患し、病気で弱くなってしまった心を強くする方法を探していた天風は、米国の哲学者、オリソン・スウェット・マーデンの著書に出会う。その内容に勇気づけられた天風は、マーデン本人に会うべく、米国に渡る。しかし、マーデンとの面会は期待外れに終わった。

ロンドン、パリ

英国のロンドンに渡り、さまざまな講習会に出席しながら学者や識者を訪ね歩いた天風だったが、結果は米国のときと同じであった。その後、天風は知人からフランスの大女優サラ・ベルナールを紹介される。フランスに渡った天風は、サラの邸宅に寄宿して、欧州の思想や文化に触れた。

結局、天風は欧米で当時最先端の医学や哲学などの思想、芸術文化を学んだが、肝心の「病気で弱くなった心を強くする方法」は見つからなかった。

カイロ

欧州からの帰国途中、スエズ運河でイタリアの砲艦が座礁していたため、天風の乗った船は暫く足止めを食う。船員に誘われてピラミッド見物のために訪れたカイロで､天風はその後の運命を変える人物､ヨーガの聖人カリアッパ師に出会うのだった。

上　海

インドでの修行を終えた天風は、上海に立ち寄り、孫文の第二次辛亥革命に参加する。上海は、結核のため米国への渡航が許可されなかった天風が、密航のためにまず立ち寄った地であり、天風の新たな人生の出発点ともなった。

【巻末付録】天風語録と重なる大谷翔平の名言

本書の巻頭で紹介しきれなかった大谷選手の名言と
天風の言葉の共通点を一挙紹介

大谷語録（色枠内は天風の言葉）

ああなりたい、こうなりたいことを、ひとつの現実の絵にして、心の中にはっきり描いてごらん

「僕は、もっともっと出来ると思います」
（2016.11.04　日刊スポーツ　北海道日刊）

「160キロのボールを投げたい　もっとホームランを打ちたいという気持ちが全ての原動力になっていたと思います」
（2013年7月22日発売号　週刊ベースボール　インタビュー）

「自分自身が日本一の取り組みをしなくてはいけないと思っています」
（2012年2月　野球小僧）

心に犬小屋みたいな設計を描いて、広壮な邸宅などできるはずがない

「自分で設定した数字は1つでも2つでも超えていきたい」
（2016.01.07　日刊スポーツ）

「自分はここまでしかできないのかなと、憶測だけで制限をかけてしまうのはムダなことだと思います」
（Number870 号「オトナの僕と、コドモの僕と」）

「優勝だけ目指し、勝つことだけ考えていきたい。勝つことだけ考える、それ以外はない」
（2023年1月6 日、侍ジャパンメンバー先行発表会見
『証言 WBC2023 侍ジャパン激闘の舞台裏』宝島社）

「試合も楽しみにしているが、遊ぶ楽しみではなく、試合の緊張感も含めた楽しみ方が大切。なかなか味わうことができない試合を大事にしている」
（同上）

同じことを絶え間なくはっきりした映像にして心に描けば、それは強固な信念となるんだ

もっともっと、人生を楽しまなければもったいないですよ。生き方ひとつで楽園になるんだから

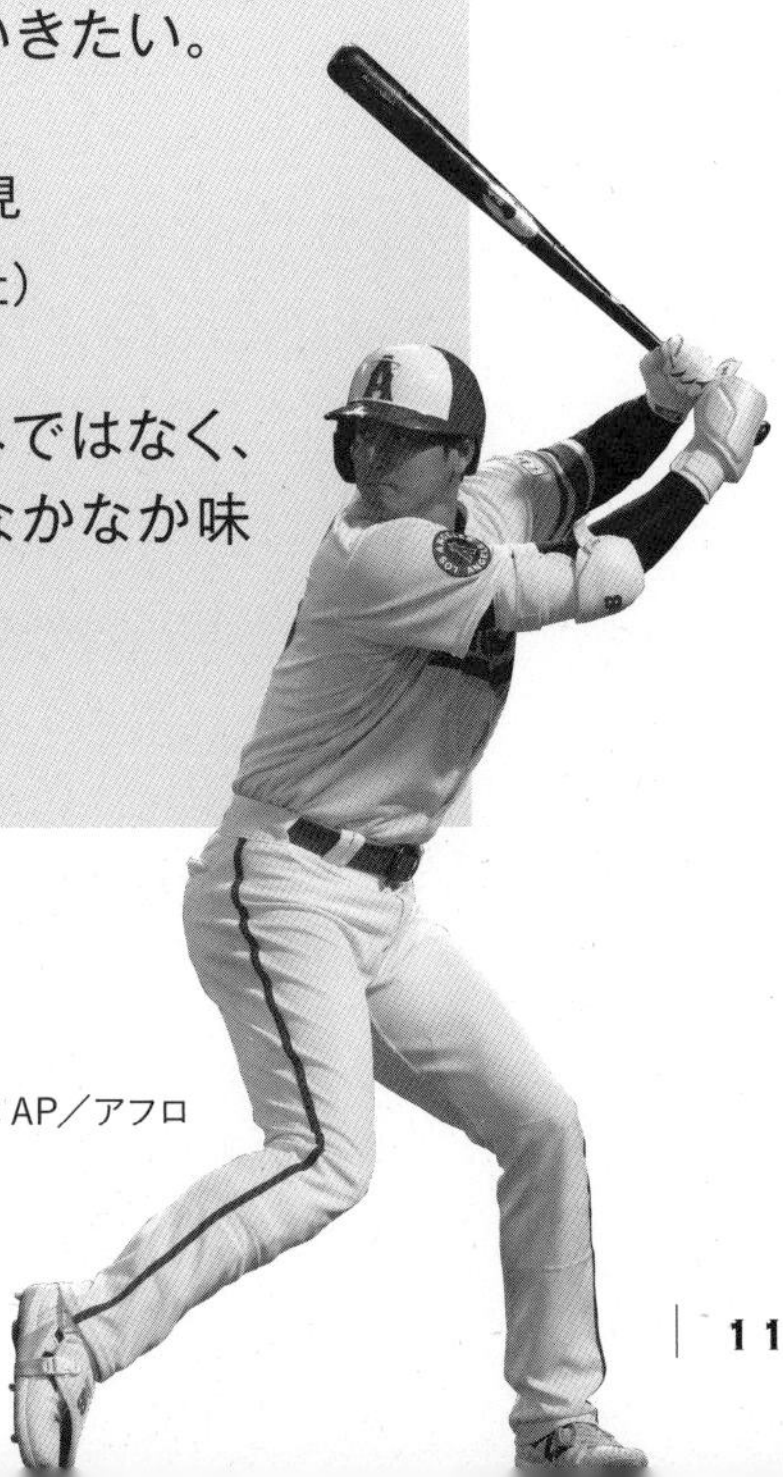

写真：AP／アフロ

主要参考文献

『成功の実現』
（中村天風述、公益財団法人天風会監修、日本経営合理化協会）
『盛大な人生』
（中村天風述、公益財団法人天風会監修、日本経営合理化協会）
『心に成功の炎を』
（中村天風述、公益財団法人天風会監修、日本経営合理化協会）
『君に成功を贈る』
（中村天風述、公益財団法人天風会監修、日本経営合理化協会）
『信念の奇跡』
（中村天風述、公益財団法人天風会監修、日本経営合理化協会）
『真人生の探究』（中村天風著、天風会）
『研心抄』（中村天風著、天風会）
『錬身抄』（中村天風著、天風会）
『叡智のひびき』（中村天風著、講談社）
『真理のひびき』（中村天風著、講談社）
『運命を拓く』（中村天風述、講談社）
『天風先生座談』（宇野千代著、中村天風述、廣済堂出版）
『積極性と人生』（講演録 CD、天風会）
『マンガ中村天風』１～４
（遠藤明範作・木村直巳画、天風会原案・監修、講談社）
『図説中村天風』（公益財団法人天風会編、海鳥社）

中村天風
その人生と名言

中村天風財団（公益財団法人天風会）

中村天風「心身統一法」を普及する公益法人。
創立は大正８年（1919年）、天風が自らの体験と研究の成果を辻説法
という形で人々に訴えかけたことが会のはじまり。
昭和37年に厚生省（当時）許可の財団法人となり、
平成23年に内閣府認定の公益財団法人に組織移行。
誰でも気軽に参加できる講習会・行修会などを
全国で定期的に開催。

◇ 中村天風財団公式サイト
https://www.tempukai.or.jp

◇ 天風メルマガ（毎日配信・無料）
https://www.tempukai.or.jp/m-magazine

中村天風 その人生と名言
2023年7月11日 第1刷発行
協力 中村天風財団
発行人　蓮見清一
発行所　株式会社宝島社
〒102-8388　東京都千代田区一番町25番地
電話:03-3234-4621（営業）／03-3239-0646（編集）
https://tkj.jp

印刷・製本　三晃印刷株式会社

ISBN 978-4-299-04438-9